Wilhelm Franz Exner

Die Hausindustrie Oesterreichs

Ein Commentar zur hausindustriellen Abtheilung auf der allgemeinen Land und

Forstwirthschaftl. Austellung

Wilhelm Franz Exner

Die Hausindustrie Oesterreichs
Ein Commentar zur hausindustriellen Abtheilung auf der allgemeinen Land und Forstwirthschaftl. Austellung

ISBN/EAN: 9783743643406

Hergestellt in Europa, USA, Kanada, Australien, Japan

Cover: Foto ©Suzi / pixelio.de

Weitere Bücher finden Sie auf **www.hansebooks.com**

DIE

HAUSINDUSTRIE

OESTERREICHS.

EIN COMMENTAR

ZUR

HAUSINDUSTRIELLEN ABTHEILUNG

AUF DER

ALLGEMEINEN LAND- UND FORSTWIRTHSCHAFTL. AUSSTELLUNG

WIEN 1890.

———

REDIGIRT VON

WILHELM EXNER.

❖

ALFRED HÖLDER
K. U. K. HOF- UND UNIVERSITÄTS - BUCHHÄNDLER
I. ROTHENTHURMSTRASSE 15.

Druck von Ch. Reisser & M. Werthner.

EINLEITENDES VORWORT.

esterreich ist ungemein reich an eigenartigen, des eingehendsten Studiums werthen Vorkommen von Hausindustrien. Socialstatistische Untersuchungen, wie sie in neuester Zeit bei verschiedenen deutschen Hausindustrien, z. B. jener von Thüringen angestellt wurden, fehlen uns leider fast noch gänzlich. Dagegen ist manche descriptive Arbeit bezüglich einzelner österreichischer Hausindustrien geliefert worden. Das Grödenerthal, die Viechtau, das Tischlerdorf Mariano, der Böhmerwald waren schon wiederholt Gegenstand von Publicationen wohlmeinender Männer, welche die wirthschaftliche Bedeutung oder die technologische Seite der dort angesiedelten Hausindustrien schilderten. Die Ausstellungen in Lemberg, Czernowitz, Przemýsl, Krakau gaben Veranlas-

sung, Notizen über die bei dieser Gelegenheit mehr
oder minder glücklich vorgeführten Hausindustrien
zu sammeln. Niemals aber war bisher der Versuch gemacht worden, ein die Gesammtheit der wichtigeren
österreichischen Hausindustrien zusammenfassendes
Bild zu schaffen. Zum ersten Mal wurde dieser Versuch
durch den Beschluss des General-Comités der Allgemeinen land- und forstwirthschaftlichen Ausstellung
des Jahres 1890, eine besondere Abtheilung für die österreichische Hausindustrie zu organisiren, angebahnt.

Als mir die Leitung dieser, allerdings in sehr be-
scheidenem Umfange zu veranstaltenden Gruppe übertragen wurde, fasste ich den Entschluss, alle jene Personen dem Unternehmen zu gewinnen, die entweder
berufsmässig oder als Amateurs eine namhafte Stellung
zur Frage der Entwicklung oder Conservirung der bestehenden Hausindustrie einnehmen. Die Liste der Mitglieder dieses »Fach-Comités« zeigt, dass ich in der That
viele hervorragende Persönlichkeiten heranzuziehen so
glücklich war. Durch das »Programm« wurde das Ar-
beitsfeld abgesteckt und innerhalb desselben ist eine
überaus reiche, alle wichtigen Zweige der österreichischen Hausindustrie charakteristisch vertretende Reihe
von Objecten aufgesammelt worden. So anziehend und
für den Fachmann lehrreich diese Collection an und für
sich auch sein mag. so schien es mir doch angemessen
und für weitere Bestrebungen auf diesem Gebiete uner-

lässlich, meine verehrten Mitarbeiter zur Verfassung von Monographien über die ihnen besonders genau bekannten hausindustriellen Emporien zu bestimmen. Auch hierin habe ich das weitestgehendste Entgegenkommen dankbar anzuerkennen.

Es konnte nicht meine Absicht sein, durch Reglements und Instructionen die individuelle Richtung der einzelnen Referenten erheblich zu beeinflussen. Einförmigkeit wäre kein Vorzug gewesen, und wer weiss, wie gross der Schaden geworden wäre, hätte man von pedantischen Grundsätzen geleitet, das Wagniss unternommen, zu schematisiren. So ist, im Gegentheile, das vorliegende Buch entstanden, das aus einer Reihe selbstständig entworfener Schilderungen besteht, jede für sich im höchsten Grade belehrend, alle zusammengenommen nicht nur ein unschätzbarer Commentar für unsere hausindustrielle Abtheilung, sondern auch ein Beitrag von — wie mir däucht — bleibendem Werth für die Kenntniss eines wichtigen Zweiges der Volkswirthschaft.

National-Oekonomen und Socialstatistiker können und werden dieses Buch als Wegweiser für Studien benützen können, die auch in unserem Vaterlande höchst zeitgemäss wären. Staatsmänner, welche es sich zur Aufgabe machen, nothleidenden Volksclassen zu Hülfe zu kommen, sollten dieses Buch lesen, um zu erkennen, dass sie die ärmsten unter den Armen bisher übersehen haben. Der Kampf um's Dasein ist kaum irgendwo ein so bitterer, wie in der Werkstelle des Dorfbewohners. Diesem fehlt noch Alles, was man durch die Arbeitersschutz-Gesetzgebung beim Fabrikswesen und in dem städtischen Gewerbe geleistet. Ihm sind auch die Früchte der Selbsthilfe fast versagt. Und doch sind diese von dem modernen Culturleben exilirten Menschen oft noch die Träger der Traditionen alter Cultur-Epochen.

Möchten diese Blätter dazu beitragen, in den weitesten Kreisen ein werkthätiges Interesse zu wecken für die österreichische Hausindustrie!

Ostern 1890.

W. Exner.

PROGRAMM

für die Gruppe „Hausindustrie".

——

1. Als Hausindustrie ist jene Productionsform aufzufassen, in welcher der Landbewohner in oder bei seiner Wohnstätte neben der land- oder forstwirthschaftlichen Berufsbethätigung Gegenstände des eigenen Bedarfes für den Haushalt und die Kleidung oder Artikel zum Verkaufe, die sonst Objecte der gewerblichen oder industriellen Betriebsamkeit sind, herstellt. Die Mitglieder seiner Familie sind seine Hilfsarbeiter; Lohnarbeiter treten nur ausnahmsweise hinzu. Jene in die land- und forstwirthschaftlichen Nebengewerbe fallenden Erzeugungen, die nicht auf Kosten und Gefahr eines anderen, des Grossgrundbesitzers, sondern auf Risiko des Hausindustriellen fallen, gehören hieher.

2. Gebiet: die im Reichsrathe vertretenen Königreiche und Länder, — die occupirten Provinzen Bosnien und Hercegovina.

3. Da es nicht zu erreichen ist, dass Hausindustrielle selbst als Aussteller auftreten, entfallen für diese Abtheilung alle jene Bestimmungen, welche das Programm enthält, um einen Theil der Ausstellungskosten auf diese überzuwälzen, wie Platzmiethe, Transport und Versicherungsspesen, Ausstattung, Firmenbezeichnung etc. Dem Fachcomité wird vielmehr ein Credit für den Ankauf und die aus der Entlehnung entspringenden Kosten eröffnet.

4. Für diese Gruppe ist ein abgesonderter Ausstellungsraum ausserhalb der Rotunde zu bestimmen, von dessen Grösse die Höhe des Credites abhängt.

5. Ein Specialkatalog ist zu verfassen.

6. Für die Mitwirkung bei der Durchführung des ganzen Unternehmens ernennt das Generalcomité auswärtige Mitglieder des Fachcomités über Antrag des Obmannes.

7. Die Gruppe: »Hausindustrie« ist von der Gruppe: »Gewerbe und Industrie im Dienste der Bodencultur« räumlich und organisatorisch zu trennen, so dass jede von beiden selbstständig durchgeführt wird.

Das Fachcomité für die besondere Gruppe Hausindustrie:

Hofrath Wilhelm Exner,

Obmann.

Das Generalcomité für die Allgemeine land- und forstwirthschaftliche Ausstellung Wien 1890:

Der Präsident:

Josef Fürst Colloredo-Mannsfeld.

I. Vicepräsident: I. Vicepräsident:

Franz Graf Falkenhayn.   Christian Graf Kinsky.

Der Schriftführer:

Adolf Hochegger.

Fach-Comité für Hausindustrie.

Obmann:

Wilhelm **Exner**, k. k. Hofrath, o. ö. Professor an der k. k. Hoch-
schule für Bodencultur, Director des k. k. Technologischen Ge-
werbe-Museums, Reichsrathsabgeordneter etc., Wien, IX.,
Währingerstrasse 59.

Mitglieder:

Angerer Johann, Dr., Reichsrathsabgeordneter und Gutsbesitzer,
Innsbruck.

Attems Heinrich Graf, k. k. Kämmerer, Major, Verwaltungsrath
der k. k. priv. wechselseitigen Brandschadenversicherungs-
Gesellschaft, Graz.

Bach, Emilie, Directrice der k. k. Fachschule für Kunststickerei,
Wien, †.

Baraniecki, Dr., Director des städtischen Museums, Krakau.

Czartoryska Marie Fürstin von, Herrschaftsbesitzerin, Wiązownica
bei Jaroslau, Galizien.

Dzieduszycki Wladimir Graf, k. k. wirklicher geheimer Rath
und Kämmerer, Herrschaftsbesitzer, Lemberg.

Goebel Gustav, Leiter der k. k. Fachschule für Holzindustrie
und Marmorbearbeitung, Hallstatt, O.-Oe.

Greil Hans, Leiter der k. k. Fachschule für Holzschnitzerei und
Kunsttischlerei, Ebensee O.-Oe.,

Hallwich Hermann, Dr., kaiserlicher Rath, Reichsrathsabgeordneter, Secretär der Handels- und Gewerbekammer, Reichenberg, Böhmen.

Hoenig Max, Dr., Secretär der Handels- und Gewerbekammer, Olmütz.

Kornauth Johann, Director der k. k. Fachschule für Holzindustrie, Bozen.

Kretschmer Johann, Kaufmann und Bürgermeister, Grulich, Böhmen.

Lind Carl, Dr., k. k. Sectionsrath im Ministerium für Cultus und Unterricht, Wien, I., Minoritenplatz 7.

Mikyška Alois, Dr., Reichsrathsabgeordneter und Landes-Advocat, Wal.-Meseritsch, Mähren.

Murnik Johann, kaiserlicher Rath, Landesausschuss, Secretär der Handels- und Gewerbekammer, Laibach.

Ribi Carl August, Director der k. k. Fachschule für Holzindustrie, Mariano bei Görz.

Romstorfer Carl, Professor an der k. k. Staats-Gewerbeschule, Czernowitz.

Rosmaël Franz, Director der k. k. Fachschule für Holzindustrie, Wal.-Meseritsch, Mähren.

Storck Josef, k. k. Hofrath, Architekt, Director der Kunstgewerbeschule des k. k. Oesterr. Museums für Kunst und Industrie in Wien, I., Stubenring 3.

Taschek Josef, Kaufmann, Obmann des Deutschen Böhmerwald-Bundes, Budweis.

Weigel Ferdinand, Dr., Landes-Advocat, Secretär der Handels- und Gewerbekammer, Krakau.

Wierzbycki I. von, Eisenbahn-Betriebsdirector, Lemberg.

Wiglitzky Hubert, Dr., Secretär der Handels- und Gewerbekammer, Czernowitz.

Zachar Anton, Landesrath etc., Czernowitz.

DIE

HAUSINDUSTRIE OESTERREICHS.

Grundlagen der Hausindustrie:

Kunst und Technik
Talent und Fleiss
Tradition und Fortschritt.

DIE

INNERÖSTERREICHISCHEN LÄNDER.

I. Steiermark, Kärnten.

er im Volke und mit dem Volke lebt, dem kann es nicht entgangen sein, dass die Rückwirkung der Entwicklung aller Gewerbe, der Industrie, des Handels, des Verkehrswesens und die vollständige Umgestaltung gar vieler culturellen und volkswirthschaftlichen Institutionen einen Umschwung in den Gewohnheiten, Beschäftigungen, Sitten des Landbewohners herbeigeführt haben.

Ob dieser Wandel dem Volke zum Wohle gereicht? In vielen Beziehungen gewiss nicht. Ja, obwohl ein warmer Freund des gesunden Fortschrittes, sage ich doch — »gewiss nicht«.

So viel steht fest, dass in der Zeit, da die Fabrik noch nicht eine so sehr dominirende Rolle spielte, als es heute der

Fall ist, die Arbeit im Hause, in der Familie viel höher in Ehren stand.

Nahezu Alles, was heute beim Krämer, beim Händler, am Markte gekauft wird, wurde damals im Hause erzeugt; es wurde dabei zum mindesten viel Geld erspart.

Man behauptet freilich — und mit einer gewissen Berechtigung — dass der heutige Mangel einer Hausindustrie in Steiermark-Kärnten und die Schwierigkeit, eine solche einzubürgern, wohl zum Theil in den Lebensgewohnheiten der Alpenbevölkerung begründet sei. Es ist allerdings richtig, dass in den Waldregionen der Mann auch im Winter, mindestens ein gut Theil desselben, ausser Haus — im Walde weit weg — beschäftigt ist, und richtig ist es auch, dass die kleinlichen Handgriffe einer hausindustriellen Thätigkeit weder seinen Gewohnheiten noch seiner Neigung entsprechen.

Die Frau hat mit der Führung der Hauswirthschaft ihrer Ansicht nach vollauf zu thun — in grossen Wirthschaften auch wirklich recht viel zu thun. Es bleibt ihr demnach nur wenig freie Zeit.

Ich gebe also zu, dass es überhaupt schwierig sei, neue Fertigkeiten als Hausindustrie einzuführen; dass bei der Schwerfälligkeit und dem geringen Fleisse des deutschen Aelplers dies sogar kaum möglich sei; und doch war es einst anders. — Ich bin sonach der Anschauung, dass es überaus verdienstlich wäre, wenn mindestens dort, wo der Wald nicht eine Hauptrolle spielt, und für all' die Vielen, welche mit dem Walde weniger zu thun haben, der Versuch gemacht würde, den langen Winter durch Händearbeit auszufüllen.

Die Winterfuhrwerkerei, namentlich in Folge des Kohlenbrennens, hat nahezu aufgehört; Tausende von Aelplern haben nach beendetem Dreschen nichts mehr zu thun — und es ist Thatsache, dass all' die Menschen, welche früher in dieser Zeit mit Fuhren sehr beschäftigt waren, jetzt mitsammt ihren Knechten in stumpfsinnigem Hinbrüten die lange Winterszeit todtschlagen.

Den Aelpler aus diesem nicht menschenwürdigen Zustande durch Einführung gewinnbringender und den Geist beschäftigender Hausindustrien herauszureissen, wäre eine ebenso patriotische als menschenfreundliche That, und es wäre ein grosser Vorzug dieser Ausstellung, wenn sie zum Ausgangspunkte einer dieses Ziel im Auge habenden Action gestaltet würde.

Welcher Volkswirth, welcher Patriot könnte die Tragweite solcher Volkserziehung unterschätzen? Gewiss ist es ja, dass wir heute ein ganz neues eigenartiges Volksleben haben. Den veränderten Verhältnissen angepasste häusliche Arbeit zu begründen, durch weit ausholende Massnahmen auf die Arbeitslust, auf die Schaffensfreude — sonach auf den Volkswohlstand, auf Sitte und Moral hinzuwirken, mit einem Worte das Volk für unser Jahrhundert zu erziehen, ist fürwahr des Hinzuthuns der Besten werth. —

Steiermark.

Abgesehen von Loden- und Wifltuch (halb Wolle, halb Leinen) wird nur mehr sporadisch Hausleinen gewebt, und werden mehrerenorts rohe Holzwaaren und etwas — ganz wenig — Korbgeflechte hergestellt.

Im Grossen und Ganzen aber stehen die meisten Hauswalken unbenützt, die alten Nagelschmieden fast ausnahmslos verlassen da. Die Webstühle sind zumeist bei Seite geschafft, ja selbst die Behelfe zur Erzeugung von Seife und Unschlittkerzen, die Essigständer wurden in die Rumpelkammer gestellt.

So viel steht fest, dass die hausindustrielle Erzeugung der Wirthschaftsbehelfe und der Kleidung arg im Rückgange begriffen ist. Der Essig, die Kerze etc. werden beim Krämer gekauft, die Leinwand und das Tuch beim Kaufmann und Fass, Reif und Rechen und noch manches Andere am Markte erstanden; jedenfalls wird für Alles Geld ausgegeben, ohne dass etwa für die erübrigte Zeit in anderer Form Geld eingehen würde. Mag auch dabei der Geldentgang durch die entfallende Ersparniss für jede einzelne Familie kein grosser sein — im Volkshaushalte stellt die Summe gewiss ein gut Stück Nationalvermögen vor.

Auf die einzelnen Productionszweige übergehend, glaube ich zur Schaffung eines vollständigeren Bildes alle im Hausstande — durch die Hausgenossen betriebenen »Erwerbs«-Zweige, dann die landwirthschaftlichen Nebengewerbe (Verarbeitung der eigenen Erzeugnisse) und im weitesten Sinne erst all' die Producte der gewerblichen Hantirungen zum eigenen Hausgebrauch besprechen zu müssen.

Wein-, Cider-Bereitung sind — streng genommen — landwirthschaftliche Betriebe und doch auch theilweise Hausindustrie. Die Mangelhaftigkeit ihrer heutigen Durchführung hervorzukehren, würde jedoch den Rahmen dieser Studie überschreiten. Es sei an dieser Stelle nur auf den **Beerenwein** hingewiesen. Solcher wird nur von Wenigen producirt (z. B. Domäne Montpreis, Bezirk Lichtenwald). Die Cultur der Himbeere wäre jedoch empfehlenswerth, zumal für höhere Weingebirgslagen, wenn die Reblaus die Reben vernichtet haben wird.

Essig wird aus Wein- und Obsttrestern (Trebern) noch bereitet, geht aber zurück.

Dörrobst wird fast nur noch zum Hausgebrauche bereitet, etwas Weniges auch zum Wochenmarkt gebracht. Gegendweise wurde früher davon viel erzeugt und verkauft.

Im Bezirke Rann werden nun auch von der Bauernschaft Zwetschken zu Prünellen bereitet. Sie erlernten es von Görzern, welche alljährlich auf zwei Monate hiezu in diese Gegend kommen.

Die Obstdörre hat aber für Steiermark die grösste Bedeutung. Die Obstproduction ist eine höchst ausgedehnte und sehr fortgeschrittene. Es gelang namentlich den Bemühungen des k. k. österreichischen Pomologen-Vereines, den Welthandel nach Steiermark zu ziehen.

Die private Dörranstalt der Central-Station zu St. Peter bei Graz hat die Richtung angegeben — sie erprobte und propagirte das neue amerikanische Dörrverfahren. Die Producte fanden namentlich in Deutschland, Schweden viel Anwerth, wurden hoch bezahlt; sie eröffneten dem steirischen Dörrobst den Weltmarkt. Die Aufgabe der Anstalt war damit erfüllt. Es steht nun an den steirischen Landwirthen, diese Hausindustrie, dem erhaltenen Beispiele entsprechend, einzurichten und zu verallgemeinern.

Oel wird in Mittelsteier aus Lein- und Kürbissamen, in den politischen Bezirken Marburg, Pettau, Windisch-Graz und im Bezirke Cilli (im Umkreise des Bacherer Gebirges) aus Kürbiskörnern bereitet und dient als Speiseöl. Viele Landwirthe versorgen sich den Hausbedarf — noch mehr gehen aber zum Krämer; Einiges kommt auch auf die Wochenmärkte, und wird die Sauerbrunnflasche voll mit einem Gulden verkauft. Die entschälten Kürbiskörner werden in der Mühle vermahlen, dort von Leuten des Mahlgastes in einer grossen Pfanne — flachem Kessel — geröstet, ausgedrückt und gepresst. Oelkuchen sind Nebenproduct.

Selcherei. Haushaltungsbetrieb zum Eigengebrauche.

Selchwürste werden mitunter auch zu Markt gebracht, geräucherter Speck auch an Productenhändler verkauft.

Am Draufelde zwischen Marburg und Pettau ist über den Herbst und Winter die Schweineschlächterei im Schwunge. In mehreren Dörfern befasst sich eine grössere Anzahl von Bauern damit. Sie kaufen fette Schweine, schlachten sie Donnerstags und bringen auf Wägen Fleisch und Speck Freitags nach Pettau, Samstags nach Marburg zum Wochenmarkte. Viel besuchter sind die Wochenmärkte in Marburg, wo oft über fünfzig Wagenladungen eintreffen. Fleisch und Speck werden ebenso en gros wie en detail verkauft, viel auch nach Kärnten und Obersteier. Diese ›Spehoren‹ — so heissen die Speckbauern — sind allerdings besteuert, betreiben aber diese Speculation als Nebenbeschäftigung nach Aufhören landwirthschaftlicher Feldarbeiten. — Wäre der Fiscus nicht so erfinderisch, würde diese Hausindustrie allgemeiner werden und so freudigere Entwicklung finden.

Bäckerei von Brot zum Hausgebrauche in jeder Haushaltung gebräuchlich. In Untersteier wird aber auch von Schankwirthen und Anderen Weissbrot aus Weizenmehl, der Laib meist zu zwanzig Kreuzer, ausgebacken und im Hause wie ausser Hause verkauft. An Sonntagen werden mehrere Körbe davon zu jeder Kirche gebracht und auch auf die Wochenmärkte; die Bäcker eifern viel gegen diesen altherkömmlichen Brotverschleiss — gegen diese alteingebürgerte Hausindustrie, weil sie angeblich — und nur sie ›gewerbeberechtigt‹ sind und ›Steuern zahlen‹.

Handmühlen sind im Unterlande in den Gerichtsbezirken St. Marein, Drachenburg, Rohitsch und im südlichen bergigen Theile des Gerichtsbezirkes Pettau und im Oberlande fast in allen Bezirken allgemein. Diese Handmühlen sind in der Wohnstube oder in einer Kammer aufgestellt, haben zwei Mühlsteine geringen Durchmessers und geringer Dicke und werden mit der Hand getrieben. Wenn die Bäuerin (Winzerin) das Feuer angemacht und das Wasser im Topfe zugesetzt ist, geht sie zur Mühle und mahlt sich das nöthige Kukurutzmehl für's Frühstück — Mus oder Sterz — oder auch zum Brotlaibe.

Graupe wird im Unterlande noch viel bereitet aus Hirse, Gerste und Heiden, meist in die Mühle zur Stampfe geschickt, in Gebirgsgegenden aber noch immer in einem grossen hölzernen Mörser gestampft.

Molkerei. Ausser Butter und Rindschmalz ist auch der Käse erwähnenswerth. Dieser Bauernkäse ist weiss, in Kugeln von Eigrösse geformt und wird an Sonne und Licht getrocknet, in Wirthshäusern und auf Märkten verkauft, selbstverständlich auch zu Hause, namentlich zum Imbiss für Arbeiter, gebraucht. — Auf mehreren Domänen des Mittel- und Unterlandes wird Fettkäse in Ziegel- und Laibform, in Donatiberg bei Rohitsch der »Rohitscher Dessertkäse« producirt.

Im Oberlande hat neuester Zeit die Käse-Erzeugung einen bedeutenden Aufschwung genommen, und beginnt Käse ein Handelsartikel zu werden. Bis nun ward nur Schmalz erzeugt und viel oder wenig — aber gewiss Alles — selbst verzehrt. — Der landwirthschaftlichen Filiale Aussee gebührt das Verdienst, diesen Aufschwung erzielt zu haben.

Leinwand. Die Erzeugung von Leinwand hat im Unterlande in vielen Gegenden schon ganz aufgehört; wo sie noch besteht, ist sie im raschen Rückgange, am Aussterbeetat.

Im Pettauer Bezirke existirt in keinem Hause mehr ein Spinnrad, und kein Weib kann mehr spinnen, die Alten haben es vergessen, die Jungen nicht gelernt. Dafür aber sieht man auch in äusserlich wohlhabend aussehenden Häusern in den

Betten nacktes Stroh. In Pettau waren 1880 das letzte Mal
Spinnräder am Markte. Gegen den Savezipf — District Rann
— zu wird noch ziemlich viel gesponnen.

Vor hundert Jahren war Leinwand in vielen Gegenden des Unterlandes — Windisch-Graz, Polstrau — ein
ganz bedeutender Exportartikel. Mit der Leinwand sind
auch die Färbereien in den Städten und Märkten eingegangen. In Blau und Schwarz — ohne Dessin — hat seinerzeit auch jede Bäuerin färben können.

Ausser Leinwand wurden im Unterlande früher in
jedem Hause allerlei Zwirn, Schusterdraht und Bänder für
Schürzen und sonstigen Bedarf erzeugt, jetzt befasst sich
Niemand mehr damit.

Im Bezirke Vorau — und auch sonst noch vielerorts
in der mittleren Steiermark — werden noch grössere Mengen
bester grober Hausleinwand gewebt. Selbe wird zwar aus
selbst gebautem Hanf im Bauernhause auf dem in selbem befindlichen Webstuhle gemacht, es wird jedoch hiezu der
Weber auf die »Stöhr« genommen.

Im Oberlande Murau, Aussee etc. wird viel Hanf zu
diesem Zwecke gebaut und nahezu in jedem Hause grobe
Leinwand für den eigenen Bedarf gemacht. — Die gröbste:
»Rupfer«, mittelfein als »Abborsten«, fein als »Reisten«.

Loden. Wenn auch stark im Rückgange begriffen, so
ist doch dieser Hausindustriezweig der gesundeste im Lande,
und hat er sich, mindestens in den Gegenden von Schladming,
Prassberg, Pöllau noch einigermassen erhalten, ja es behaupten die Schladminger, dass er dort »Fortschritte mache«.

Es lässt sich nicht feststellen, wie alt dieser Hausindustriezweig ist. So viel steht fest, dass sich von Generation
zu Generation diese Hausindustrie forterbte, und sie entwickelte sich von Geschlecht zu Geschlecht, ja von Jahr zu

Jahr, zu leichterer Arbeit und besserer Qualität des Stoffes. Der Hausloden dient dort in erster Linie der Landbevölkerung, der Ueberschuss bildet eine nicht zu unterschätzende Erwerbsquelle des obersteirischen Bauern.

Für den Verkauf und für die Männerkleider wird er gewalkt, für die Mägde wird er ungewalkt verwendet. Der »steirische Loden« ist im Handel sehr geschätzt. Freilich gilt dies nur zumeist von dem industriell ausgefertigten.

Man hält weisse, schwarze und graue Schafe; letztere sind die beliebtesten, weil die Wolle bereits die richtige Farbe hat. Die Wollschur findet hier jährlich dreimal statt, nämlich: vor Weihnachten, Ende der Fastenzeit und im Monate Juli.

Die Schafwäsche wird sehr sorgfältig durchgeführt. Die Wolle wird jetzt zum »Wollenschläger« gebracht, früher, u. zw. vor wenig Jahren noch, ging dieser von Haus zu Haus.

Ein Brett mit Saiten bespannt war sein Werkzeug, worauf er die Wolle so lange »schlug«, bis diese ganz und gar gereinigt, zerfasert und zur Spinnerei tauglich war. Gegenwärtig wird die Wolle von ihm mittelst Kartatschen zum Spinnen zurecht gearbeitet.

Um Schladming, dem Hauptsitz dieses Industriezweiges, existiren dermalen vier solche Kartatschen. Selbe werden theils mit der Hand, aber auch schon mittelst Wasserkraft in Betrieb gesetzt. Hierauf wird die Wolle gesponnen.

Alle weiblichen Arbeitskräfte werden in Anspruch genommen; selbst Kinder müssen sich daran betheiligen. Der obersteirische Bauer weiss, dass die Qualität des Lodens in erster Linie von guter Wolle abhängt. Man kann aber leider nicht sagen, dass die Schafzucht auf einer hohen Stufe steht. — Der Aelpler ist eben sehr conservativ. — Das Hauptgewicht legt er auf die sorgfältige Reinigung und Bearbeitung derselben durch den »Wollenschläger«; die Frauen lassen sich ein gleichmässiges Spinnen der Wolle sehr angelegen sein.

Während so die Hausmutter die Aufräumung der Spinnräder anordnet, sorgt der Hausvater für den »Weber«, der von Haus zu Haus wandert und während der Arbeitsdauer ganz in's Haus genommen wird.

Nach dem Weben wird der Loden dem sogenannten »Lodenwalker« übergeben, was hier mittelst der Maschine geschieht. Damit erst ist diese vielhändige und mehrseitige Arbeit zum Abschlusse gekommen.

Ist auch, wie schon gesagt, eine gute Qualität des Lodens von den Vorarbeiten abhängig, so liegt doch der Schwerpunkt schliesslich und hauptsächlich in der Leistung des sachkundigen aufmerksamen Lodenwalkers. Nach dessen Arbeit kann erst von »geringer«, »mittlerer« oder »guter« Qualität des Lodens gesprochen werden. Ein leichtfertiger Lodenwalker kann den ihm übergebenen, bisher bestbearbeiteten Loden verderben. Dass seine Arbeit keine leichte und auch nebst seiner Umsicht und seinem Fleisse von anderen Umständen abhängt, sagt des Lodenwalkers Sprichwort: »G'rath's, so g'rath's!«

Man kann annehmen, dass durchschnittlich jeder Grundbesitzer der Schladminger Gegend zwei bis drei Ballen Loden zu je 25 bis 30 Meter Länge erzeugt. Bedarf nun auch durchschnittlich jeder Landwirth für sich und sein Haus einen Ballen, so ergibt der Verkauf des Ueberschusses immerhin eine namhafte Einnahme.

Wünschenswerth wäre unbedingt die Erhaltung und Vervollkommnung dieses einzigen Hausindustrie-Zweiges. Er gibt vielen Händen Beschäftigung. Rationelle Veredlung der Schafzucht wäre vor Allem dringend geboten.

Die Schladminger sagen, dass in den letzten Jahren ein kleiner Rückgang im Absatze des Lodens, angeblich durch die Einfuhr des »Tiroler Lodens« zu spüren war. Sie meinen aber, dass letzterer von geringerer Qualität und darum selbstverständlich wohlfeiler sei, dass dieser Umstand, sowie das Verlangen nach Neuerung in der Kleidung mehrere Käufer zum Bezuge des Tiroler Lodens verleitete. Nach kurzem Versuche kehrten diese jedoch wieder zum Kaufe von Steirer-Loden zurück, denn es sei erwiesen, dass dieser, trotz seines höheren Preises, wegen seiner Dauerhaftigkeit doch der billigere ist. An dem Hauptumsatzorte, in Graz, sagt man aber, dass der Fabriksloden diesem Hausloden arge Concurrenz bereitet, da er geschmeidiger, hübscher in Farbe, breiter und billiger sei.

Factisch bedienen sich Städter, Touristen, Schützen fast ausschliesslich nur des kleidsameren Fabrikslodens, und war früher der steirische Hausloden ein sehr gesuchter Artikel in unseren Grazer Tuchhandlungen, so findet man gegenwärtig keinen solchen mehr.

Der echte »Obersteirer« aber, der Gemsjäger, der Holzknecht, der Bauer, die sind conservativ und bleiben bei den unbedingt haltbareren Hausloden und setzen sich über das Brettige desselben hinweg.

Möge es auch so bleiben! Es wäre zu schade, wenn auch dieser letzte Rest heimischer Hausindustrie den Boden verlieren würde. Gut wäre es, wenn in entsprechender Weise für die Verbesserung dieser Hausindustrie etwas geschehen würde, damit sie fortexistiren könne. Ansonst wird die nächste Generation sich auch diesbezüglich blos in Reminiscenzen ergehen können.

Im Unterlande, namentlich im Sannthale, wurde noch in den Sechzigerjahren viel Loden erzeugt. Der Prassberger

Loden hat einen Namen gehabt, wenigstens im Sprich-
worte:

»Cillier Kinder, Tüfferer Wein und Prassberger Loden
Gerathen selten, wenn sie gerathen, muss man sie loben«.

Er war russisch grau, sehr licht; daher die »Schnee-
mandeln«. Etwas davon wird auch jetzt noch erzeugt, doch
ist — wie gesagt — diese Hausindustrie auch hier im Rückgange. Auch in Pöllau, Vorau wird ein sehr geschätzter
Loden erzeugt.

Wifltuch (Rass), ein Tuch, halb aus Schafwolle, halb
aus Leinwand gewebt, wird von den Männern in Gebirgsgegenden noch viel getragen, Werktags allgemein, mitunter
auch noch zum Kirchgange Sonntags. Namentlich am
Wochergebirgszuge, von Drachenburg auf Montpreis zu
(vielleicht noch weiter), dann in der östlichen Steiermark
ist es noch üblich. Beides wird zu Hause gesponnen, zum
Weber geschickt (oder dieser auf die Stöhr in's Haus genommen), dann aber in einer Walkmühle gewalkt. An den
Bacherausläufern sind noch solche Walkereien.

In gleicher Weise wird Rass auch um Vorau viel erzeugt. Hier, wie auch anderwärts, werden die Tuchenden
zu Patschen verarbeitet.

Im Oberlande wird die Wolle auch zur Strumpfstrickerei verwendet; die steirischen Strümpfe waren unver-
wüstlich. Früher war auch diese Hausindustrie überall und
sehr ausgedehnt. Jetzt versorgen zumeist die sächsischen
Fabriken den Kaufmann, und dieser nimmt der ländlichen
Hausfrau die Sorge um die Strumpfstrickerei ab.

Es wäre thöricht, gegen die Consequenzen der ent-
wickelten Industrie anzukämpfen. Bedauerlich ist es aber,
dass fast auf allen Gebieten vor derselben die »Arbeit« die
Waffen strecken muss.

Holzschuhe sind im Unterlande fast allerorts noch im Gebrauche, werden auch fast überall gemacht.

Leder. Im Unterlande um Marburg, Pettau, Luttenberg, Friedau wird die gesammte Beschuhung der Bauernschaft aus Schweinsleder verfertiget. Jedes Schwein wird abgehäutet und wird die Haut zum Lederer zum Gerben und Herrichten gegeben. Anderorts bleibt die Haut am Speck und wird mit diesem verspeist.

Stickerei. Betrachten wir die schönen alten Tischdecken, Leintücher, Handtücher, welche sich noch in vielen wohlhabenderen Bauernhäusern und — in unseren Museen und bei Amateurs befinden, so gewinnen wir vollen Respect vor der Leistungsfähigkeit und Geschicklichkeit der heimgegangenen Geschlechter. Es ist diese hohe Entwicklung — ohne Beschönigung — grad heraus, die Wahrheit gesagt — eine Reminiscenz, gleich so vielem andern in dieser Richtung.·

Die alten Arbeiten zeichnen sich durch sehr charakteristische Conception der Muster und durch sehr saubere Ausführung aus, zumeist sind es farbige Bordüren, Einsätze, Eckverzierungen in Roth, Blau, Weiss, vollständig abweichend von den sogenannten südslavischen und ungarischen Mustern.

Doch ganz ist diese Hausindustrie nicht verloren gegangen. Es hat sich, namentlich im Ausseer Alpenthale, in den Kreisen der ländlichen Bevölkerung der Brauch erhalten, das Linnenzeug mit verschiedenartigen Zieraten in sogenanntem Kreuzstiche, wozu meist rothes Garn verwendet wird, zu versehen — »auszusticken«.

Uralte Stickmuster, meist bis in die Zeit der Gothik zurückreichend, stylisirte Thiere und derlei Blattwerk darstellend, kommen hiebei in Verwendung. Die Bäuerin, die Dirn in der Sennhütte stickt ihr selbstgewebtes Linnen aus. Die Handtücher, die Deckchen für den Hausaltar, insbesondere das sogenannte Buttertuch werden regelmässig derart verziert. Die Sennerin, welche Samstag Nachmittags die Milchproducte der Woche am Kopfe in's Thal trägt, setzt einen Stolz darein, den blank gescheuerten Kubel mit einem sauberen Linnentuch zu bedecken, welches sie mit solchen Stickereien reichlich verziert hat.

Auf dieser, in der weiblichen Bevölkerung des Ausseer Thales erhaltenen und geübten Technik fusste der im Jahre 1880 gegründete »Ausseer Hausindustrie-Verein« seine Bestrebungen, derlei Arbeiten für den Bedarf des Hausrathes wohlhabender Kreise zu verwerthen, in welchem die Mode des Gebrauches buntbestickten Hauslinnens immer mehr um sich gegriffen hat.

Ueber Initiative Sr. Excellenz des Herrn Ministers a. D. Freiherrn Johann von Chlumecky unterzog sich ein Damencomité der mühevollen Aufgabe, derartige Arbeiten, welche den modernen Bedürfnissen und der herrschenden Geschmacksrichtung entsprechen, zu vergeben, passende Muster zu erwählen, deren Ausführung durch Bauern- und Bürgersfrauen und Mädchen, welchen jene alte Technik geläufig war, zu überwachen und den Verkauf dieser Erzeugnisse zu vermitteln. Selbe fanden jederzeit leichten Absatz. Die Zahl der beschäftigten Arbeiterinnen beträgt mehr als achtzig, der Umsatz erreicht eine Höhe von 4000 Gulden und mehr in einem Jahre. Es steht zu hoffen und zu erwarten, dass diesem Streben voller Erfolg werde.

Holzschnitzereien. Merkwürdigerweise wird in Steiermark sehr wenig geschnitzt. Nur in der Ausseer Gegend werden noch einige wenige bessere Holzschnitzereien — nach Art der Oberösterreichischen, Tiroler — angefertigt.

Im Mittellande — im östlichen Theile — werden auch uoch hölzerne Pfeifen geschnitzt, die sehr gesucht sind.

Körbe werden für den Wirthschaftsgebrauch noch in vielen Bauernhäusern aus Ruthen, Stroh, Waldrebe und Spaltlingen (abgespaltenen Streifen von glatten Haselstöcklingen, sauber abgeputzt) verfertigt.

In Gegenden mit Auen, die viel Korbruthen produciren, wie im Sannthale, zum Theil bei Pettau, Rann, werden Handkörbe auf Märkte gebracht, vor Ostern namentlich viele Osterkörbe (in der Grösse von Waschkörben, in denen Ostermahl und Brot zur Weihe getragen wird). In der Fastenzeit werden sehr viele Wagenladungen solcher Osterkörbe aus dem Sannthale über St. Marein bei Erlachstein nach Croatien und Ungarn transportirt.

In Sachsenfeld und Rohitsch-Sauerbrunn bestehen vom Lande subventionirte Korbflechtereien, deren Erfolge mir nicht bekannt sind.

Heugabeln, Heurechen, Sensenstiele, Wetzsteinkumpfe werden im Unterlande nur noch ausnahmsweise zu Hause verfertigt, mehrentheils auf Märkten und Kirchplätzen von den Verfertigern verkauft, die der einheimischen Bevölkerung angehören und sich mit dieser Arbeit über Winter, als Nebenbeschäftigung, befassen. Noch mehr werden lärchene Weingartenstöcke gespalten und gut abgesetzt. Endlich werden auch Schindeln erzeugt und zumeist nach Niederösterreich verkauft.

Im Oberlande um Knittelfeld, Obdach, Oberzeiring, Weisskirchen, dann auch im Vorauer Bezirke und — eingeschränkt — auch in allen übrigen Landestheilen werden diese rohen Holzgeräthe zumeist nur für den Localbedarf von einzelnen darin geübten Arbeitern producirt und an dem sogenannten Veitstage (15. Juni) auf Kirchplätzen an den Mann gebracht, verkauft. Bedauerlich ist es, dass für diese leicht herzustellenden Gegenstände Geld ausgegeben wird, und noch bedauerlicher, dass die vielen Bauern der Holzgebiete diese und noch viele andere Holzgegenstände in den beschäftigungslosen langen Wintertagen und Abenden nicht hausindustriell — sehr ausgedehnt — für den Export herstellen.

Besen. Zimmerbesen aus Moorhirse und Stallbesen aus Birkenreisig, Stauden von Waldheide und Johannis-(Schwarz-) Beeren werden mitunter gekauft, mitunter im Hause gemacht.

Von Stallbesen — wie sie die Strassenkehrer in Graz und Wien haben — gehen alljährlich grosse Partien auf Flössen auf der Save nach Croatien abwärts. Sie kommen, wie das Flossholz, aus dem Sannthale.

Waschwannen, Waschtröge, Brotwannen (Teigdösen) aus Pappelholz ausgehöhlt, welches nach Durchnässung an der Sonne nicht springt, sind auf Jahrmärkten zu finden. Werden von bäuerlichen Erzeugern aus der Luttenberger und Radkersburger Gegend gebracht.

Fassreife. Namentlich im Oberlande schneiden Knechte und selbst Bauern Fassreife und bringen sie in den Handel.

Nagelschmieden. Betrieb als Hausindustrie ist im Unterlande nicht zu Hause. Die wenigen Erzeuger sind besteuerte Gewerbsleute.

Im Oberlande findet man noch ab und zu eine Handschmiede; zumeist stehen sie aber verlassen. Gegen die Maschinstiften kann diese Hausindustrie nicht ankämpfen, das steht fest. Eine weise, vorsorgliche Verwaltung könnte aber vielleicht durch Schaffung von Vorbedingungen die müssig stehenden Hämmer — diese so gesund gewesene Hausindustrie — nach anderen Richtungen wieder in Bewegung bringen.

Dank den gesteigerten Ansprüchen wird auch schon am Flachlande auf Nettigkeit, Solidität, Bequemlichkeit, Zweckmässigkeit und Dauerhaftigkeit der Gebäude gesehen, und werden Bauführungen jetzt nur mehr durch eigene Bauleute, mitunter durch praktische Empiriker besorgt; diese Hausindustrie hat aufgehört, und ist dies gewiss gut.

Mehreren Orts werden Mauerziegel für Gebäude von den Bauersleuten selbst — ohne fremde Ziegelmacher — bereitet (geformt, getrocknet und gebrannt), meist wird mehrere Jahre daran gearbeitet, bis der Bedarf gedeckt ist.

Wahnsinnig wäre es, das Fabriksproduct bekämpfen zu wollen, wohl aber muss, meiner innersten Ueberzeugung nach, allen Ernstes dahingestrebt werden, jene möglichen Hausindustrien einzubürgern, welche die Fabrik nicht abtödten kann.

Sehen wir uns in anderen Ländern um, namentlich in den slavischen, in Ungarn, Deutschland — von romanischen Raçen ganz abgesehen — so finden wir nirgends diesen nahezu völligen Mangel an Nebenbeschäftigung auf dem flachen Lande.

In dieser Studie finden sich manche Anhaltspunkte für die einzuschlagende Richtung der Bestrebungen. Die Ausstellung selbst wird zweifelsohne reiches Materiale bieten, den Gedankengang zu ergänzen. Möge auch mein Streben — »Erziehung des Volkes zur Arbeit« — ideal sein, ich fühle es durch, dass ich nicht so ganz Unrecht habe, ich weiss es, dass Vieles erreichbar wäre.

Steiermark ist ein Agriculturland. Auf diesem Gebiete lassen sich unzählige Nebenerwerbe und folgerichtig Beschäftigungen, es lässt sich somit Arbeit schaffen, und damit schon ist in der Erziehung des Volkes viel gewonnen.

Der Obstbau bedingt Verarbeitungen — so recht Hausindustrie im wahren Sinne des Wortes, der Wald, der Holzreichthum, die viele Musse der Bauern in den Waldregionen erfordern nutzbringende Zeitausfüllung, und schliesslich gestatte man mir noch aufmerksam zu machen — auf die »Fremdenindustrie«.

Unsere herrliche grüne Steiermark übt an sich — als Alpenland — eine grosse Anziehungskraft.

Nütze man diesen enormen Vortheil; — erziehe man das Volk zur Fremdenverkehrs-Hausindustrie, auf dass unser schönes Land darin der fremdenüberflutheten Schweiz, dem viel bereisten Norwegen nicht allzuweit nachstehe.

Die Natur hat das Ihrige gethan; die Menschen wären dazu ganz herrlich angelegt, sie sind aber — vorerst dazu nicht erzogen. —

— —

Kärnten.

Die im September 1885 zu Klagenfurt abgehaltene I. Kärntner Landes-Ausstellung bot in der Gruppe IV die Erzeugnisse der Hausindustrie, wobei wir uns über die Hauptrichtungen der dortigen Hausindustrie gut orientiren konnten.

Man merkte aus den zur Ausstellung gebrachten Objecten, dass, wie in allen Alpenländern, auch in Kärnten die eigentliche Hausindustrie in dem Masse dem Verfalle entgegengeht, als die Erzeugnisse der Fabriken überhandnehmen. Dessenungeachtet haben einzelne der Hausindustrie-Producte noch immer einige Bedeutung. Hieher zählen vornehmlich die Gespinnste und Leinwaaren, sowie die Holzgeräthe, welche wegen solider und correcter Arbeit alle Anerkennung verdienen.

Im Wege der Hausindustrie werden noch verschiedenerorts im Lande, zunächst nur für den Hausbedarf angefertigt: Haus- und Tischleinwand, Gewebe von Hauswollstoffen in recht geschmackvollen Dessins, sogar verschiedene Gattungen von Zwirn und Hausgarn, deren gleichmässiger Faden auf grosse Sorgfalt bei der Arbeit schliessen lässt.

Aus Grafenstein, Oberdrauburg, Hermagor im Gailthale etc. waren Hanf- und Flachsgespinnste ausgestellt, und zwar ausser gewöhnlichem Tischzeug und Hauszwilch auch feine Gattungen von Damastleinen.

Alle diese ausgestellten Hausproducte lieferten den Beweis, dass es den Hausfrauen Kärntens an dem richtigen Verständnisse zur Verarbeitung der Gespinnstpflanzen nicht fehle; immerhin bleibt aber dieser Betrieb nur auf einen engen Kreis beschränkt, so dass demselben, bei der ferneren Erscheinung, dass der Flachsbau in Kärnten im Rückgange begriffen ist, eine grössere volkswirthschaftliche Bedeutung nicht beigemessen werden kann.

Die Verarbeitung der Schafwolle zu Kleidungsstoffen wird zwar als Hausindustrie nur in beschränktem Masse betrieben. Die Ausstellung zeigte jedoch, dass auch hier Namhaftes geleistet wird. Aus Friesach war kartätschte Wolle der Metnitzthaler Schafe in weisser und schwarzer Farbe ausgestellt, von welcher unverwüstliche Strümpfe verfertigt werden, und aus Oberdrauburg verschiedene Lodensorten, welche sich durch Festigkeit, Weichheit und gefällige Farbentöne auszeichneten. Die diversen Lodensorten hatte man aber vornehmlich in der Gruppe VII (Touristik und Fremdenverkehr) zu suchen. Hier war der Lavantthaler, Liserthaler und Möllthaler Loden zu finden, und zwar alle Lodenvarietäten von der feinsten bis zur gröbsten.

Von grösserem Belange ist jene Hausindustrie, die sich

mit der Anfertigung der **Holzgeräthe** für häuslichen und landwirthschaftlichen Bedarf befasst, da diese eine grosse Anzahl von Arbeitern beschäftigt, die da einen Nebenerwerb treiben und daraus nicht unbeträchtlichen Nutzen ziehen. Ein Hauptort für solche Hausindustrie ist St. Margarethen im Rosenthal, von wo allwöchentlich grössere Quantitäten derlei Waaren auf die verschiedenen Wochenmärkte gebracht werden und guten Absatz finden. Es sind das vor Allem: aus weichem und hartem Holze angefertigte Binderwaaren, Butterfässer, Wasser- und Milchkübel, Schäffer, Hühnersteigen, Wannen, Rechen, Gabeln, Schaufeln, Küchengeräthe etc.

Die Bleiberger Bergwerks-Union lässt im oberen Rosenthale zur Verpackung ihrer Bleifabrikserzeugnisse die nöthigen Fässer anfertigen.

Von **Holzschuhen,** ›Zockel‹, aus Buchenholz waren einige Exemplare aus der Feldkirchener Gegend ausgestellt. Mehr verbreitet ist deren Erzeugung im oberen Gailthale, wo sich ein Verschleiss hiefür in Kirchbach befindet.

Korbflechtereien waren nur spärlich vertreten. Es dürfte sich aber gerade für diesen Zweig der Hausindustrie noch so manche Gegend in Kärnten als sehr geeignet erweisen, da die Korbweide hier sehr gut gedeiht.

Nicht unerwähnt dürfen auch die in Trettnig bei Klagenfurt verfertigten Heugabeln aus Eschenholz bleiben, welche vorzüglich gebaut und sehr dauerhaft sind.

Die Verarbeitung von Stroh zu Industrieartikeln wurde vorgeführt durch einige Fabricate aus dem Jaunthale, und zwar waren es Schuhe und Tragkörbe, welche von der dortigen Bevölkerung mit Vorliebe verwendet werden und ihrer Brauchbarkeit und des billigen Preises wegen einer grösseren Verbreitung würdig wären.

Sogar — Seidenraupenzucht war vertreten. Mindestens wiesen die ausgestellten Cocons und Seidenraupensamen auf das sporadische Vorhandensein dieser Industrie, der jedoch trotz vielseitiger Anläufe und Versuche des in Kärnten herrschenden Klimas wegen die wesentlichen Bedingungen zur weiteren Ausdehnung fehlen.

Selbst die damals — vor fünf Jahren — auf der Ausstellung vertreten gewesene spärliche Hausindustrie ist heute geringer geworden. Auch in Kärnten ist die Händearbeit des Bauern zur Zeit, da Feld und Wald das Feiern gebieten, im Verschwinden begriffen. Kärnten ist in dieser Beziehung in gleicher Lage wie die Steiermark. Möge es gelingen, auch dort die Nebenbeschäftigung als Hausindustrie neu zu beleben — und dadurch sowohl Volkswohlstand als Moral zu fördern.

Heinrich Graf Attems.

II. Krain.

—

Weit zurück in frühe Zeiten reicht der eine oder der andere Zweig krainischer Hausindustrie, und die erste gesetzliche Bestimmung über Erzeugnisse dieser Industrie stammt aus dem Jahre 1492, da Kaiser Friedrich III. einem Theile der Bewohnerschaft von Krain »in Ansehung des erlittenen Türken-Ruins« gestattete, u. a. auch mit Leinwand, »so sie erziehen und verarbeiten«, »auf das Croatisch und anderwärts sie zu handeln«.

Leinwand, Lodentuch, Holz- und Siebwaaren gehören zu den ältesten Erzeugnissen des krainischen Hauses, und es war der Stand dieser Hausindustrie, namentlich im 17. Jahrhunderte, in den Tagen, da Freiherr von Valvasor seine Chronik von Krain »Die Ehre des Herzogthums Krain« 1689 herausgab, ein besonders blühender, stark über den Hausbedarf hinaus reichender, daher der Handel ein sehr lebhafter.

Im 18. Jahrhunderte aber erfolgte ein bedeutender Rückgang auf diesen Gebieten, und wir sehen, dass die 1767 von der Kaiserin-Königin Maria Theresia auch hierlands gegründete, in der heutigen k. k. Landwirthschafts-Gesellschaft in Krain fortlebende »Gesellschaft des Ackerbaues und der nützlichen Künste« alsbald nach ihrer Gründung,

von der Ueberzeugung der Nothwendigkeit einer Nebenbeschäftigung für den Landmann erfüllt, 1770 die Preisfrage
aufstellte: › Welches Industrialgewerbe in Rücksicht auf Haupt-
und Nebenernährungsverdienst dem Bürger und Ackers-
manne eines Landes überhaupt und vorzüglich dieses Herzogthums Krain angemessener und nützlicher wäre‹, für deren
Lösung der Göttinger Professor der Oekonomie J. Beckmann
den ersten Preis (36 Ducaten) und der k. k. Secretär Carl
von Zahlheim in Wien das Accessit erhielten. Die in diesen
Lösungen ertheilten Rathschläge betreffend Stärkung und
Erweiterung der bestehenden und Schaffung neuer Hausindustrien mit Bezeichnung der geeigneten Localitäten im
Lande Krain trugen jedoch zur Conservirung der bisher erhaltenen Hausindustriezweige nur wenig bei, geschweige
denn, dass sie zur empfohlenen Schaffung neuer, z. B. der
Bandfabrication nach Niederländer Art, von Rohrdecken
u. s. w. geführt hätten! Im Gegentheil, der Rückgang ward
immer grösser und fühlbarer!

Von dem in unserem Jahrhunderte eingetretenen rapiden Fortschritte der Grossindustrie und des Maschinen-
Fabrikswesens wurde die Hausindustrie auch dieses Landes
auf das Empfindlichste und Nachhaltigste in zweien ihrer
bisherigen Hauptzweige getroffen, in der Leinen- und in der
Tuch- (Loden-) Industrie.

Die Fabriks- und Maschinenwaare verdrängte auch hier
in immer rascher steigender Progression die bezüglichen
Erzeugnisse der Hausindustrie und dies selbst in jenen Landestheilen, wo sich mit ziemlich zäher Beibehaltung der
alten malerischen Volkstracht — wie bei den sogenannten
›weissen Krainern‹ (beli Kranjci) im Möttlinger und Tscher-
nembler Boden Unterkrains (an der croatischen Grenze) —
die Linnen-Hausindustrie noch rege erhalten hat; — selbst

hier bemerkt man in jüngster Zeit die Neuerung, dass das Hauserzeugniss nur als Werktagsgewand gebraucht wird, während für den Sonntagsstaat die gekaufte Fabrikswaare immer mehr den Vorzug erhält. In den meisten Bezirken des Landes aber trägt der Landmann im Allgemeinen nur mehr gekaufte Fabriks- und Maschinenwaare.

Von den althergebrachten Hauptzweigen der krainischen Hausindustrie haben sich aber doch noch einige und nicht allein auf herkömmlicher Höhe erhalten — ja mehrere verzeichnen in neuester Zeit einen mehr minder erfreulichen Aufschwung — in diese Kategorie gehören die Rosshaar-Sieb- und Krollhaar-Industrie, die Spitzen-Industrie, gehoben durch fachgemässes Schulwesen, die Stroh-flechterei, mächtig besonders durch gesunde Verbindung mit der Grossindustrie, die Holzwaaren-Industrie, gleich jener der Spitzen durch den günstigen Einfluss des Fach-unterrichtes, sowie anderseits durch erhöhten Export und Eröffnung weiter Absatzgebiete den ersten Holzindustriebe-zirken Oesterreich-Ungarns und des Auslandes nahe gerückt.

Als Hausindustrieartikel, deren einige den Handelsweg nach ausserhalb Krains gefunden, mögen im Einklange mit der Voranführung aus der benachbarten Steiermark hier genannt sein die Landkäse, darunter die Schafkäse von der Pojk (Innerkrain) — dann ausserdem der nach Muster der Schweizerkäse erzeugte »Wocheinerkäse« und der dem böhmischen (Schwarzenberger) nachgebildete »Habacherkäse« — weiters die aus Obst und Beeren gebrannten Flüssig-keiten, der krainische »Slivovic« und der sogenannte »Brinovec« (Wachholder-Branntwein) und die »Krainerwürste«, die auch schon auf den Karten der grossstädtischen Deli-catessen-Handlungen zu finden sind.

Wir wollen nun in nachstehenden Zeilen ein übersichtliches Bild von dem gegenwärtigen Stande der noch im Lande Krain erhaltenen Hausindustrie zu entwerfen versuchen und dabei, soweit die Daten reichen, auch immer in Kürze das geschichtliche Moment in's Auge fassen.

Rosshaarsiebe und Krollhaar. In ganz Oesterreich-Ungarn ist die Rosshaar-Industrie am bedeutendsten in Krain, und zwar in Oberkrain, in Krainburg und in den dieser Stadt nahegelegenen Ortschaften. Sie ist die älteste industrielle Manufactur Krains, und ihre Entwicklung zum namhaften Export reicht schon in das 16. Jahrhundert zurück. Valvasor sagt von der Bevölkerung der genannten Gegend: »Ihrer viele handeln mit Siebböden, deren eben wol in diesem Ober Crain eine grosse Quantität gemacht wird, ganz (bis) in (nach) Senegollia (Sinigaglia) und Augusta, in das romanische Gebiet übers Meer.« Feichting bezeichnet derselbe Chronist als »meistentheils von Siebmachern bewohnt« »so die Siebböden von Rosshaar machen und sonst im römischen Reiche Sieber genannt werden«, und im Dorfe Peven, in der Nähe von Krainburg, sieht er auch schon »sehr viele Siebböden von Rosshaar machen«. Ein im Besitze der Familie Florian in Krainburg befindlicher Stiftbrief eines gewissen Bartlmä Olben von 1638 spricht von einer (in's 16. Jahrhundert zurückreichenden) Stiftung des Vaters Jakob Olben, gewesten Rathsbürgers und Handelsmannes in Krainburg, für Siebmacher und andere Handelsgenossen und bezeugt also den so frühen Bestand des Siebmachens in Krainburg. Als hervorragende Siebböden-Erzeuger dieser Gegend erscheinen um 1686 Georg und Martin Keber, Vater und Sohn, die sich durch Vertrag vom selben Jahre (8. März) verpflichteten, dem Grossindustriellen und ob seiner vielen humanitären Stiftungen für Krain unvergesslichen Jakob Schell von Schellenburg (einem gebürtigen Tiroler) in Laibach 700 Buschen Siebböden zu liefern. Von dieser Familie Keber sind heute noch Nachkommen mit Siebböden-Erzeugung beschäftigt, desgleichen Nachkommen eines gewissen Dolene, der vor mehr als 150 Jahren dort diese Hausindustrie in ausgedehntem Masse betrieben und sich ein bedeutendes Vermögen erworben haben soll. Die erste Einführung der Siebböden-Erzeugung im Dorfe Feichting ist aber vermuthlich durch Deutsche geschehen, da sich in diesen Gegenden vor der Zeit schon sehr zahlreiche deutsche Kolonisten der Freisinger Bischöfe, der Eigenthümer von Lack, angesiedelt haben. Andere wollen den Ursprung der krainischen Rosshaar-Siebbödenerzeugung aus Italien herleiten, wo bedeutende Mengen davon in Verwendung kommen. Auf die deutsche Provenienz deutet aber wohl auch die noch heute für die grossen Siebe schönster und vorzüglichster Qualität in Uebung stehende Bezeichnung »Linzer«, bei welchem Namen man schwer an einen Absatz nach Linz denken kann, da ja bekanntlich der Handel mit Siebböden nach Oesterreich hinaus nie ein lebhafter gewesen.

Das Verdienst, dieser Hausindustrie den Export in's Ausland, namentlich auch auf die grosse Messe von Sinigaglia und dann nach Holland verschafft zu haben, gebührt den Fabriksbesitzern Johann Josef Jenko von Jenkensheim, Realitätenbesitzer in Stražiše, Matthäus und Vincenz Demšer, Realitätenbesitzer in Dörfern, Peter Heiss in Lack, Dr. med. Natalis Pagliaruzzi in Krainburg, welch' Letzterer speciell wegen Hebung dieses Industriezweiges vom Kaiser Franz I. 1809 in den Ritterstand erhoben worden, und Johann Oman, der mit dieser Waare schon vor 100 Jahren en gros den alten Markt in Sinigaglia besucht hat. Diesen Männern allen gebührt in der Geschichte dieses Industriezweiges ein hervorragender Ehrenplatz.

In neuerer Zeit erscheint dieser Industriezweig in den Händen von vier Fabriksbesitzern: den Familien Anton Globočnik, Primus Hudovernig, Johann Benedig und Paul Ješe. Nebst diesen gibt es noch eine Anzahl kleinerer Geschäftsleute, welche sich jedoch mehr mit dem Handel von Rosshaarsieben und Krollhaaren (Matratzen und Möbelrosshaar) als mit der eigentlichen Erzeugung der Siebe selbst befassen.

Als Erzeugnisse dieser Hausindustrie in Krainburg und den umliegenden Orten erscheinen im Laufe der Zeiten: Rosshaarsiebe, diese seit dem Bestehen dieser Industrie, also seit dem 16. Jahrhunderte, Rosshaarstoffe zu Möbelüberzügen (vom Ende des 18. Jahrhundertes bis circa 1830), Cravatten (von 1830 bis in die neueste Zeit) und in unseren Tagen auch Gewebe für Damenhüte, wozu jedoch besondere Bestellung erforderlich.

Das Rohmaterial wird seit den Vierzigerjahren aus Russland über Hamburg und Wien bezogen, auch Frankreich liefert Rosshaar nach Krain, doch schon zugerichtet, gewaschen und sortirt; der Handel mit Holland vermittelte das weisse Rosshaar; der früher lebhafte Bezug von Rosshaar aus Ungarn, Polen und Deutschland hat seit dem Jahre 1840, wie schon angedeutet, nahezu aufgehört, da die russischen Rosshaarmärkte von Petersburg, Nižnjenovgorod und Archangel den Vorzug erhielten. Die Preise des Rohmateriales sind seit fünfzig Jahren um das Dreifache gestiegen, die Erzeugnisse selbst aber haben nur eine ganz geringe Preissteigerung erfahren.

Die Erzeugung der Rosshaar-Siebböden in Krain ist folgende:

Das in Büscheln einlangende Rosshaar wird gereinigt, überbunden, gewaschen, getrocknet, gehechelt, gezogen, ausgeklaubt — zu Sieben wird ein 10 bis 28 Zoll (0·3 bis 0·8 Meter) langes verwendet — im Bedarfsfalle gefärbt, und dann erst gelangt es auf den Web-stuhl. Die Webstühle sind aus Holz, und ein Priester Namens Ignaz Valenčič hat sich das Verdienst einer wesentlichen Verbesserung derselben erworben; er hat nämlich an dem Webstuhle eine Walze angebracht, auf welche sich die Ross-haargewebe aufwinden, wodurch dem Webenden die Arbeit um Vieles erleichtert ist. Holzwebstuhl und Holzkamm sind die einzigen Werkzeuge, mit denen der Rosshaarweber hantirt. Das Färben der Haare, das vordem in Neumarktl mit Curcume und Rothholz ausgeführt werden musste, geschieht seit 1820 in den Fabriken hierselbst durch eigene Arbeiter. Gegenwärtig zählt man 510 Webstühle mit ungefähr 900 erwachsenen männlichen und weiblichen Arbeitern und 300 Kindern. Der wöchentliche Verdienst eines Arbeiters schwankt zwischen zwei bis fünf Gulden. Die Arbeitstage sind alle Wochentage mit Ausnahme des halben Montags und Samstags.

Die erzeugten Siebe führen verschiedene Bezeich-nungen, als: ungarische, deutsche, schwarzgelbe, Linzer u. s. w., sie werden in verschiedenen Formen, in gröberen und feineren Sorten geliefert. Die feinste Waare ist biegsam wie ein Seiden-tuch; auf Bestellung werden auch neue Muster geliefert, für gewöhnlich wird jedoch die altherkömmliche Musterung ge-fertigt.

Die Erzeugnissmenge an Rosshaarsieben hat sich seit fünfzig Jahren geradezu verdoppelt; indem sie früher im Werthe auf 100.000 bis 120.000 fl. beziffert wurde, reprä-sentirt sie heute einen Werth von 250.000 fl. Die Jahres-erzeugung von Krollhaar (Rosshaar für Matratzen und Möbel) wird heute auf durchschnittlich 120.000 fl. geschätzt. ·

Der Hauptabsatz für die krainischen Rosshaar-

Siebböden ist im Inlande in Ungarn, Galizien, der Bukowina, Steiermark, Kärnten und in anderen österreichischen Provinzen, im Auslande in erster Linie in Italien und in der Levante, dann in Spanien, Frankreich und den Niederlanden. Die Krollhaare gehen hauptsächlich nach Triest, Italien und nach der Levante.

Auf den Ausstellungen des In- und Auslandes hat dieser krainische Hausindustriezweig bereits ansehnliche Prämiirungen und Anerkennungen gefunden.

Leinen-Hausindustrie. In den Gerichtsbezirken von Lack und Krainburg ist die Erzeugung von Rupfenleinwand, sowie halb und ganz gebleichter Leinwand als Industriegegenstand nächst der Gegend von Mannsburg und Zwischenwässern am bedeutendsten. Leinwand für den Hausgebrauch wird in fast allen Bezirken des Landes erzeugt, und es stellten bis vor wenig Jahren die Weiber im Möttlingerboden und in der Gottschee ihre Unter- und Obergewänder aus eigener Leinwand her. Die Lacker und Krainburger Gegend betreibt diesen Hausindustriezweig seit mehr als 500 Jahren, und heute weben da mindestens einige tausend Personen, und von da gelangt eine bedeutende Menge Stücke Leinwand in den Handel. Doch der schon eingangs erwähnte Rückgang durch die Fabrication macht sich namentlich in diesem Zweige der krainischen Hausindustrie recht fühlbar, wie auch die Baumwollwaare der Leinenwaare überhaupt starken Eintrag thut. Früher waren gesuchte Exportartikel aus diesem Industriebezirke die gute dauerhafte Segelleinwand, sehr viel Sack- und Hausleinwand; das hat, wie gesagt, bedeutend abgenommen. Lack und Krainburg liefern aber auch die schön gefärbte blaue Leinwand, die den ganzen einheimischen Bedarf deckt und sich durch besondere Güte auszeichnet.

Oberkrain liefert weisse und farbige Bandwaare als Hausindustrie-Artikel von besonderer Güte. In diese Kategorie gehören auch die in der Umgebung von Mannsburg (bei Stein) und Krainburg, in Flödnig und Gamling erzeugte gewebte Leinenfatschen; im Jahre 1638 gab es auch in Krainburg selbst »Fatschenmacher«.

Bis zum Jahre 1850 hatten der Krainer Leinen und das Krainer Garn besonders aus den Bezirken Krainburg und Lack einen bedeutenden Absatz nach Italien, wo sie einen vorzüglich gesuchten Handelsartikel bildeten.

Tuchwaaren. Auch die Erzeugung in der Lodentuch-Hausindustrie hat, wie schon in der Einleitung hervorgehoben wurde, durch die Fabrikswaare einen empfindlichen und rapiden Rückgang erfahren, und es ist gegenwärtig nur mehr die Erzeugung von Lodentuch aus der Umgebung der Bergstadt Idria in Innerkrain, dann aus dem Feistritzer und Radmannsdorfer Bezirke nennenswerth.

In der Umgebung des bekannten Seebades Veldes in Oberkrain wird der sogenannte »Oberkrainer Flanell« erzeugt, der sich durch Güte und Solidität der Waare einen guten Namen gemacht hat.

Kotzen und Teppiche. Schon Valvasor (1689) erwähnt die Kotzen und Decken von St. Jörgen (Dorf St. Georgen im Krainburger Bezirke), von wo noch heute beliebte schönhaarige und ziemlich weiche Kotzen als St. Georgner ordinäre Kotzen auf den Markt gelangen.

Die gleichfalls im Krainburger Bezirke verfertigten gewöhnlichen Laufteppiche weisen recht gefällige Muster auf und bewähren sich als besonders dauerhaft.

Die bäuerlichen Erzeuger erscheinen mit diesen beiden Waaren an grösseren Markttagen in der Landeshauptstadt Laibach und halten sie auf dem Marienplatze beim Kloster der P. P. Franziskaner unter stets grossem Andrange den Kaufenden feil.

Spitzen. Einen hervorstechenden Aufschwung hat, wie im böhmischen Erzgebirge — dank der huldvollen Bevorzugung und Anregung für die österreichische Spitzenindustrie durch Ihre Majestät die Kaiserin und Königin Elisabeth — die altherkömmliche Spitzenindustrie in und um die Bergstadt Idria in den letzten zwei Decennien gefunden.

In die frühesten Zeiten reicht die Beschäftigung mit dem Spitzenklöppeln in der Idrianer Gegend zurück, und die Ueberlieferung weiss davon zu erzählen, dass schon vor Auffindung des Quecksilbererzes in Idria 1479 hier dieser Hausindustriezweig betrieben worden. Doch sind aus diesen frühesten Zeiten unserer heimatlichen Spitzenklöppelei keine Spuren mehr vorhanden, und erst aus der Epoche von 1670 bis 1750 haben sich noch Reste erzeugter Waaren erhalten, die nach dem sogenannten croatischen Muster gefertigt wurden und sich noch heute hie und da vorfinden.

Der um Krain so vielfach hochverdiente Ethnograph und Verfasser einer Reihe gediegener Werke über dieses Land und seine Bewohner, B. Hacquet, der in der zweiten Hälfte des vorigen Jahrhunderts durch mehrere Jahre als Werksarzt in Idria angestellt war, hat in seinem ebenso trefflichen wie seltenen Buche: »Abbildung und Beschreibung der südwestlichen und östlichen Wenden, Illyrer und Slaven, deren Gewerbe u. s. w.« (Leipzig 1801) auch über die Idrianer Spitzen wörtlich also Aufschluss gegeben; er schreibt: »Viele Mädchen, die Weiber (in Krain) alle tragen eine Leinenhaube, an dieser ist eine breite Spitze in vielen kleinen Falten quer über den Scheitel gelegt. Diese Spitzen werden im Lande, besonders aber ausserordentlich viel in dem Bergwerke Hydria gemacht, so dass noch ein ziemlicher Handel damit ausser Land getrieben wird. Es sind freilich keine Brüsseler Spitzen, aber doch weiss und fein genug, um ihrem Endzwecke zu entsprechen.« Quer über diese Spitzen geht (in der Kopftracht) eine goldene Borde, Band oder andere Stickerei, welche das Ganze sehr hebt.

Eine dritte Epoche in der Spitzenklöppelei dieser Gegend begann 1750 und reichte bis 1820 mit 24 Mustern der sogenannten »gesetzten Spitzen« (stavljene), die heute aber gar nicht mehr gearbeitet werden, wenngleich dafür noch immer die Bezeichnung »neue« Spitzen im Volksmunde aufrecht erhalten erscheint. In dieser Epoche, 1767, hatte die Kaiserin Maria Theresia eine Lehrerin nach Laibach entsendet, um den Bewohnerinnen des Landes Krain Anleitung in der Anfertigung von Blonden, Seiden-, Zwirn- und Garnspitzen zu geben; doch diese Schule verfiel bald!

Die vierte Epoche begann 1820, als die Bergrathsgattin Passetzky aus Joachimsthal in Böhmen ganz neue Muster aus dem Erzgebirge nach dieser Gegend verpflanzte, die noch gegenwärtig unter dem Namen neucroatische Spitzen im Handel sind; diese vierte Epoche reichte bis zum Jahre 1873, in welchem die fünfte und neueste Epoche mit der Wiener Weltausstellung ihren Anfang nahm, denn der eigentliche heutige Aufschwung datirt eben erst von dieser ersten grossen Exposition in Oesterreich.

Obschon bereits im Jahre 1870 die Stadtgemeinde eine Collection Spitzen-Manufacte in Cassel ausstellte und hiefür mit einem Anerkennungsdiplome ausgezeichnet wurde, so hob sich die Production und der Spitzenhandel erst nach der Wiener Weltausstellung. Zum Zwecke der Beschickung dieser Ausstellung wurde von Seite der Stadtgemeinde ein Damencomité gewählt und in dieses auch Frau Karoline La pajne berufen, welche eine besondere Thätigkeit dadurch entwickelte, dass sie an hervorragend tüchtige Klöpplerinnen Aufträge, Muster und Unterweisungen ertheilte, dann gelieferte Arbeiten in Stücklängen von 25 bis 50 Centimeter sammelte, gehörig ordnete und nach erfolgtem und gutgeheissenem Arrangement zur Ausstellung brachte. Hiefür wurde die Stadtgemeinde mit der Verdienstmedaille ausgezeichnet.

In Folge der Ausstellung fingen nun die Idrianer Spitzen an, grössere Aufmerksamkeit auf sich zu ziehen, und es suchte sich der dortige Handelsmann Herr Stefan Lapajne in seiner Eigenschaft als Spitzenhändler alsbald Grossfirmen, zunächst in Wien, welches bisher die Hauptabsatzquelle bildet, dann schon 1876 einige ausländische Firmen auf, als in Sachsen, Rheinpreussen, Russland etc., welche Verkaufstädte zum grösseren Absatze und regerer Erzeugung wesentlich beitrugen. Im Jahre 1876 fand in Idria die Eröffnung der vom hohen k. k. Handelsministerium errichteten Klöppelschule statt, an welcher die einige Jahre vorher auf Grund ihres natürlichen Talentes als reformirende Autodidaktin aufgetretene Spitzenklöpplerin Johanna Ferjančič, eine Bergknappenstochter, als Lehrerin angestellt wurde. Johanna Ferjančič hatte die Idee des Fortschrittes in der Zeichnung neuer, von den alten traditionellen Mustern abweichender Formen aufgestellt und zeichnete mit Rücksicht auf die Grundidee alter Brüsseler und Venezianer Spitzen nach eigenem Geschmacke neue Muster, wodurch sie nicht wenig zu den Erfolgen der Idrianer Spitzen auf der Wiener Weltausstellung beigetragen hatte, gleichwie Frau Lapajne für die Verbesserung der Arbeiten wesentlich Sorge getragen.

Die Erzeugung nahm sowohl in Bezug auf Quantität als nicht minder auf Qualität immerwährend zu, weil sich auch der Absatz entsprechend steigerte. Dieser gesteigerte Absatz war aber eine Folge von V e r b e s s e r u n g e n der Erzeugung, welche darin bestanden, dass stets für neue Muster gesorgt wurde, welche aus Brüsseler und französischen Gegenden acquirirt und oft auch mit den bereits vorhandenen heimischen in entsprechende Combination gebracht wurden.

Bis etwa zum Jahre 1876 beschäftigten sich circa 30 Leute (Männer und Weiber) mit der Anfertigung von Mustervorlagen. Diese letzteren wurden in meist sehr primitiv gezeichneten Exemplaren geliefert, wenn auch einige Zeichner bedeutendere Fertigkeit besassen. Gezeichnet wurde auf gewöhnlichem, mit Safran gelb gefärbtem Papier.

Zur Verbesserung der Qualität (und damit indirect des Absatzes) erschien da eine Aenderung nothwendig, und so kam es, dass man dazu schritt, durch geübte gute Zeichner regelrechte Mustervorlagen herzustellen und auf olivengelbem, naturgefärbtem Papier viele tausend Exemplare auf lithographischem Wege vervielfältigen zu lassen, was zumeist die Laibacher lithographischen Anstalten besorgten.

Im Jahre 1879 wurde eine industrielle Ausstellung in Teplitz in Böhmen beschickt, und die Idrianer Spitzen erlangten die grosse silberne Medaille.

Das Jahr darauf beschickte Frau Karoline Lapajne die Landesausstellung in Graz mit diesen Mustern von Idrianer Spitzen, und wurden die ausgestellten Arbeiten mit der grossen silbernen Medaille prämiirt.

Auf der Ausstellung in Triest 1882, wo ebenfalls die neuesten Muster der Idrianer Spitzen zur Exposition gelangten, wurde den vorzüglichen Arbeiten der Idrianer Frauen die grosse goldene Medaille zuerkannt, und das Ausstellungscomité erkaufte einen Theil dieser Waare um den namhaften Betrag von 268 fl. für die Ausstellungslotterie.

Die Zahl der Spitzenklöpplerinnen belief sich bis zum Jahre 1870 in der Stadt Idria, dann Unter-Idria und umliegenden Ortschaften kaum auf 1000 Frauen, während sich diese Zahl in der Epoche vom Jahre 1873 bis 1890 auf 2500 bis 3000 vermehrte, wobei zu bemerken kömmt, dass in diese Zahl nunmehr auch mehrere Bezirke Oberkrains einbezogen erscheinen, in denen, wie in Sairach, Göriach, Eisnern nach Idrianer Mustern geklöppelt und zeitweilig Schule gehalten wird, wie man auch in neuester Zeit eine Spitzenklöppelei in dem benachbarten Loič (in Innerkrain) anstrebt.

Der jährliche Verdienst im Jahre 1860 mit 16.000 fl. hob sich bis zum Jahre 1872 auf circa 30.000 fl. Nach der Weltausstellung und nach Herrichtung der Klöppelschule bis heute hob sich der jährliche Verdienst (die früher erwähnten Bezirke miteingerechnet) auf 150.000 fl., wovon die Summe von 15.000 fl. für den Zwirnbezug aus Böhmen in Abschlag gebracht werden muss. Hier sei nochmals hervorgehoben, dass in Folge der Wiener Weltausstellung, dann späterer Ausstellungen, Errichtung der Klöppelschulen etc. sich diese Industrie in die benachbarten Bezirke und namentlich weit nach Oberkrain hinauf verpflanzte, während sich früher nur Frauen in Idria, Unter-Idria und einigen Ortschaften dieses Bezirkes damit beschäftigt hatten. Der Verdienst von 150.000 fl. entfällt bei der nun eingetretenen enormen Concurrenz auf folgende tägliche Verdienste, und zwar für minder geübte Klöpplerinnen 10 kr. und für die besseren 30 bis 35 kr. per Tag und dies bei einer Arbeitszeit von mindestens 14 Stunden täglich. Die nunmehr massenhaft zunehmende Erzeugung in Krain, insbesondere und hauptsächlich aber jene des Erzgebirges hat zur Folge, dass seit mehr als zwei Jahren der Concurrenz wegen sehr ermässigte Preise eingetreten sind, dadurch aber der Verdienst bedeutend geringer gestellt ist als in den Jahren 1875 bis 1882, wo sich eine gute Arbeiterin 50 bis 60 kr. täglich verdienen konnte.

Schliesslich muss aber gebührend hervorgehoben werden, dass der grosse Aufschwung der Spitzen-Industrie in Idria zum grössten Theile dem unermüdlichen, unausgesetzten Fleisse und der regsten Thätigkeit der schon genannten Frau Karoline Lapajne zu danken ist. Dieselbe hat weder Mühe noch Kosten bei Arrangirung von Ausstellungsobjecten, noch sonstige Schwierigkeiten gescheut, um diese Industrie so hoch, als bei unseren Verhältnissen überhaupt thunlich gewesen, zu heben. Nachdem sie ihre Anverwandte, die nunmehr verstorbene erste Lehrerin an der hiesigen Klöppel-schule, Johanna Ferjančič entsprechend ausgebildet, war sie unablässig darauf bedacht gewesen, auch persönlich auf un-zählige Arbeiterinnen in Beziehung auf Fleiss und exacte Arbeit einzuwirken und durch die Benützung der Expositionen der Idrianer Spitzen-Manufactur allerorts das beste Renom-mée zu verschaffen. Dies Alles trug hauptsächlich zu dem grossartigen Umsatze der Waare im In- und Auslande bei, und es wäre nur zu wünschen, dass noch weitere erspriessliche Absatzquellen eröffnet würden, damit die Waare nicht zu Spottpreisen abgesetzt werden muss.

Im Jahre 1888 wurde anlässlich des vierzigjährigen Regierungs-Jubiläums Seiner Majestät Kaiser Franz Josef I. die vom k. k. Ministerium für Cultus und Unterricht errich-tete, mit der k. k. Fachschule für Holzschnitzerei verbundene Fachschule für Stickerei und Spitzennäherei in Laibach feierlich eröffnet, in welcher das Spitzennähen auch nach den in Oberkrain erhaltenen alten krainischen Mustern für Kirchen- und Hausgebrauch gelehrt wird.

Kopftücher, Jäckchen. Aus dem Anfange dieses Jahrhunderts, um die Laibacher Congresszeit, stammt der Industriezweig der gestickten Kopf- und Taschentücher, die in den Bezirken Stein, Radmannsdorf, Sittich, sowie in der nächsten Umgebung der Landeshauptstadt angefertigt werden, und welche ursprünglich durch Bestellungen von Kaufleuten in Laibach nach Mustern der Fabrikswaare in Arbeit genommen wurden. Diese gestickten Kopftücher, die als »peče« mit Spitzen verziert eigenartig um das Haupt geschlungen und mit zwei Enden hahnenkammartig gebunden werden, waren in dem Decennium von 1860 bis 1870 in Abnahme gekommen, doch beginnt neuestens wieder ein Aufschwung in diesem Modeartikel unserer bäuerlichen Mädchen und Frauen. Die gestickten Taschentücher hielten sich aber immer auf derselben Höhe grösserer Verbreitung, und die Erzeugung derselben zählt immer nach Tausenden, während die weitaus kostspieligere Waare der gestickten Kopftücher 1875 bis auf 1500 Stücke zurückgegangen war. Uralt hingegen ist die Hausindustrie der Stickerei mit selbstgefärbter Wolle bei den schon erwähnten »weissen Krainern« für alle Details ihrer männlichen und weiblichen Nationaltracht.

Eine nicht unbeträchtliche Hausindustrie bilden ferner im Steiner Bezirke die baumwollenen Häubchen und Jäckchen für Kinder, Handstickerei, die sich durch hübsche Muster und gefällige nette Arbeit auszeichnen und preiswürdig auf den Markt kommen.

Strümpfe, Socken, Jacken. Nicht unbedeutend ist die Hausindustrie der in Idria erzeugten Schafwoll- und Zwirnstrümpfe und Socken, sowie der in Oberkrain, und zwar in der Umgebung von Krainburg, in Neumarktl, Veldes, Jauerburg und Assling erzeugten Strümpfe, Socken, Fäustlinge und Jacken aus Schafwolle; durchwegs gute und solide Waaren.

Freilich hat in den letzten Jahrzehnten auch in dieser Hausindustrie die Concurrenz namentlich seitens der böhmischen Wirkwaarenfabricate einen bedeutenden Rückgang herbeigeführt, was jedoch unsere heimatlichen Arbeitskräfte nicht abhielt, ihre bezüglichen Erzeugnisse in den Mustern immer mehr zu vervollkommnen und die erzeugte Waare so möglichst concurrenzfähig zu erhalten. Der Werth der fast ausschliesslich nur im Winter von Mädchen und Frauen als landwirthschaftliche Nebenarbeit gelieferten solchen Erzeugnisse beziffert sich per Jahr im Verkaufe auf 12.000 fl.

Geflochtene Tuchschuhe, Kopfringe. In einzelnen Dörfern Ober- und Unterkrains ist seit nahezu vierzig Jahren eine Hausindustrie eingeführt und in guter Aufnahme begriffen, nämlich die Erzeugung von geflochtenen Tuch- (Haus-) Schuhen, sogenannten Patschen aus Tuchabfällen.

Man kann die Zahl der damit beschäftigten Arbeiterinnen, die diese Arbeit gleichfalls als Nebenarbeit in den Wintermonaten betreiben, auf mindestens hundert veranschlagen, und repräsentirt die derartig fertiggestellte Arbeit von einigen tausend Schuhen einen Werth von einigen hundert Gulden.

Für die Köpfe der Wasserträgerinnen liefert man in Ober- und Unterkrain als Unterlage des Schaffes Kopfringe, die aus verschiedenen färbigen Tuchstreifen geflochten werden.

Strohflechterei. Schon Hacquet gedenkt in seinem bereits angeführten Buche: »Abbildung und Beschreibung der südwestlichen und östlichen Slaven« der krainischen Strohhüte. Er sagt: »Der Mann trägt auf dem Kopfe im Sommer einen Strohhut, wie sie solche selbst mit vieler Geschicklichkeit verfertigen und auch ausser Landes verkaufen.«

Die Einführung dieser Hausindustrie, die heute schon

auf jener Stufe der Entwicklung und Vervollkommnung an-
gelangt ist, um den Import fremden Fabricates nach Oesterreich auf ein Minimum zu reduciren, verdankt unser Land
einem Eingebornen aus Jauchen, welcher als österreichischer
Soldat im vorigen Jahrhundert die Strohflechterei im Florenti-
nischen kennen lernte und sie dann, heimgekehrt, seinen
Dorfgenossen lehrte (um 1775). Die ersten krainischen Strohhüte gingen also aus dem Dorfe Jauchen im Gerichtsbezirke
Egg hervor. Der Absatz derselben war ursprünglich be-
greiflicherweise auf Krain beschränkt. Doch nicht lange
nachher, und ein Tiroler brachte die bereits so weit vorge-
schrittene Waare in den Handel ausser Landes; jetzt steigerte
sich auch rasch die Erzeugung derselben, und sie blieb nicht
mehr auf Jauchen beschränkt, sondern auch andere umlie-
gende Ortschaften wandten sich dem Verdienst versprechen-
den neuen Hausindustriezweige zu. Es wurden bald auch
feinere Geflechte als bisher erzeugt, um erhöhten Ansprüchen
genügen zu können, und der Tiroler Andreas Grimm machte
sich seit 1806 um den Vertrieb derselben viel verdient. Nach
Tirol und Kärnten zunächst gingen die Erzeugnisse der
Ortschaften Beischeid, St. Jacob, Mannsburg, Terfein, Stob,
Studa, Dragomel, Jauchen, Domžale u. s. w. Das feinere Geflecht ging auch schon nach Deutschland hinaus.

Mit dem Wachsthum und der Ausdehnung dieser Hausindustrie erstanden auch allmälig mehr und mehr Ver-
mittler des Handels; ausser dem schon genannten Andreas
Grimm begegnen uns als solche Peter und Lorenz Mellitzer
und dann der Klemen Blasnik (1834) später; dann (1840 bis
1850) Andreas Jelenz in Jauchen. Schon führte man jährlich um circa 16.000 fl. C.-M. Strohhüte aus Krain vorzüglich nach Tirol, Steiermark und Kärnten aus, und der Hut-
preis bewegte sich von vier Kreuzer bis zu einem Gulden

per Stück. Da erschien Paul Mellitzer 1859 mit neuen Mustern, und mit einem Schlage gewann nicht nur die Erzeugung der Strohhüte einen starken Aufschwung, sondern man begann auch sogleich mit der Anfertigung anderer Gegenstände aus Stroh, wie Taschen, Tischteppiche, Sohlen für Schuhe, Bänder und Quasten.

Auf die volle Höhe der fachgemässen Fabrication ward aber neben dem auch heute noch selbstständig arbeitenden Hausindustriellen die Strohflechterei Krains, wie schon in der Einleitung betont, durch Hinzutritt der Grossindustrie in der neuesten Zeit (seit 1867) gebracht, mit der Einführung der Press-, Schleif- und Druckmaschinen, und haben sich ausser den Fabrikanten Franz Supančič, Sušek, Logar, Flies, Maček, Dolenc, Riedl die Firmen J. Mellitzer und Kleinlechner & Co., Gebrüder Kurzthaler, Peter Ladstädter & Söhne, Josef Oberwalder & Co., Jos. Grosslercher & Co. und Georg Mellitzer & Stemberger, die sogenannte Tiroler Colonie, ganz besonders um die Hebung dieser Industrie in Krain verdient gemacht und namentlich die letzten sechs Firmen auch viel Florentiner Geflecht in Verarbeitung gebracht.

In technischer Beziehung kommt zu bemerken, dass in der Periode bis 1790 die Werkzeuge sich noch aus einem gewöhnlichen Model und einem Holzkolben zum Glätten zusammensetzten, bis 1835 bestand die Maschine aus einem »Stuhle«, von 1840 an wurden feinere Hüte mit drei Paar Halmen erzeugt, 1866 fing man das Spalten des Strohes an, und 1867 gelangten die vorgenannten Maschinen (Press-, Schleif- und Druck-Maschine) zur Aufstellung und Anwendung. In dem gebirgigen Theile des Industriebezirkes von Egg und des benachbarten von Stein, in denen heute diese Waare gefertigt wird, schneidet, spaltet und flicht man das Stroh, in den in der Ebene gelegenen Ortschaften wird es dann zu Strohhüten vernäht, die dann in den Fabriken geleimt, gebürstet und geformt werden.

Die Zahl der hausindustriellen Arbeiter überhaupt kann rund mit 10.000 angegeben werden; das Erzeugungsquantum der Hausindustrie und Fabrik mit mehr als $1^1/_2$ Millionen Hüten per Jahr.

Im Jahre 1874 waren über Anordnung des hohen k. k. Handelsministeriums in den Hauptstätten der Strohhutfabrication in Mannsburg, Tersain, Domžale und Aich Fachcurse für Strohflechterei errichtet worden, die zur Erzeugung schöner Geflechte wesentlich beitrugen, jedoch noch im selben Jahre wieder aufgelassen wurden. Es wäre die Wiedereröffnung solcher Schulen, anderseits auch eine bessere Cultur des Geflechtsstrohes im Lande selbst sehr zu wünschen.

In den Ortschaften der Pfarre St. Marein, Lipoglav und Polica, sowie in St. Leonhard bei Laibach wird ferner als Hausindustrie die Anfertigung von Brodkörben, Brodbackkörben, Säekörben und Fussdecken betrieben. Die Zahl der Arbeiter kann man im Ganzen (Männer, Weiber und Kinder) auf circa 200 veranschlagen, und deren Verdienst mit 10 bis 30 kr. per Tag. Körbe werden jährlich ungefähr 30.000 Stück, Fussdecken 10.000 Stück erzeugt, einheimische Händler bringen erstere in Krain, Kärnten, Salzburg, Oberösterreich, Tirol, Steiermark und Croatien zum Verkaufe, während sich der Absatz der Fussdecken auf Krain und die zunächst gelegenen Länder beschränkt. Der Preis dieser Waaren stellt sich mit 3 bis 10 kr. für Brodkörbe, mit 25 und 40 kr. für Säekörbe und mit 5 bis 12 kr. für Decken.

Holz- und Korbflechtwaaren. Die Holz-Hausindustrie Krains ist eine sehr bedeutende und deckt nicht allein den heimischen Bedarf, sondern es werden auch bedeutende Mengen ausser Landes verkauft. In jedem Bezirke werden

Holzwaaren im Wege der Hausindustrie erzeugt, in den Gerichtsbezirken Reifniz, Gottschee, Grosslaschitz, Laas, Loitsch, Laibach, Radmannsdorf und in einigen Theilen der Gerichtsbezirke Idria, Krainburg und Lack ist jedoch die Holz-Hausindustrie von besonderer Bedeutung. Die Verfertigung von Schäffern, Wannen, Fasseln, Zubern und anderen Geschirren wird hauptsächlich im Winter und im Frühjahre mit gewöhnlichen Werkzeugen bewerkstelligt. Das Holz wird zumeist am Stamme gekauft, im Walde zu Dauben geschnitten und dann in den Wohnungen zu fertiger Waare verarbeitet.

Die Erzeugung von Drechslerwaaren wird mit gewöhnlichen Werkzeugen betrieben. Die Holzschnitzarbeiten, als: Löffel, Handschaufeln, Fliegenwedel, werden mit einfachen Messern verfertigt.

Mulden, Getreide-, Schnee-, Malz- und Mehlschaufeln werden im Walde mit Handhacken roh ausgearbeitet und zu Hause fertig gemacht. Die Holzreifen für Schachteln, Holzsiebe, Holzreuter wurden bis ungefähr 1850 mit der Hand gebogen, jetzt geschieht dies mit Walzenmaschinen aus Holz und aus Eisen.

Im Reifnizer Gerichtsbezirke werden aus Fichten- und Tannenholz ungefähr 11.000 Butten (Brenten), 5000 Wannen, 20.000 Schäffer, 10.000 Kübel, 20.000 Holzschachteln, 3000 Bottiche, 2000 Kannen, aus Buchenholz 8000 Reibeisen, 300.000 Koch- und Esslöffel, 3000 Sensenstiele, 20.000 Besenstiele, 2000 Holzkörbe, 2000 Dreschflegel, aus Pappel- und Lindenholz 8000 Schaufeln, aus Buchsbaum 500 Pfeifen, aus Hasel 3000 Heugabeln, circa 300 Metercentner Heftschienen für Siebe, 6000 Heurechen, 500.000 Siebreife, aus denen ungefähr 400.000 Siebe mit Haselholzgeflecht und Rosshaar, dann circa 20.000 Siebe mit Messing- und Eisendrahtgeflecht erzeugt werden, aus Pappelholz 3000

Wetzsteinhalter, aus Kirschholz 7000 Fässchen, aus Ahorn und Linde 200.000 Teller und andere Drechslerwaaren; im Gerichtsbezirke Gottschee aus Buchenholz ungefähr 4000 Schaufeln, 400 Salatlöffel (Gabel und Löffel), 5000 Mulden, 1500 Wiegen, 200 bis 300 Billich-Fangapparate, mehrere hundert Rübenhobel und Sessel, aus Birnholz Tabakpfeifen, aus Fichten- und Tannenholz ungefähr 30.000 Schäffer, 2000 Brenten, 1100 Wasserschöpfer, Schmalz- und Wasserkübel und Butterfässchen, aus Fichten-, Tannen- und Kirschholz ungefähr 10.000 längliche ovale Fässchen (genannt Sodritzen, Putscherl), aus Kirschholz ungefähr 100 Spinnräder, aus Hasel, Hartriegel, Kornelkirsche, Weiss- und Schwarzdorn mehrere tausend Schirm- und andere Stöcke, aus Kornel-baum und Schwarzbuchenholz ungefähr 5000 Hammerstiele, Mühl-und Sägespindeln, aus Buchen-, Linden-, Ahorn-, Eichen-, Kirschen-, Kornelbaum- und Nussbaumholz mehrere tausend Teller, Leuchter, Schreibzeuge, Kleiderhalter, Rahmen, Körbe und Spielereien, aus Hasel mehrere hundert Fliegenwedel erzeugt.

Im Gerichtsbezirke Grosslaschitz werden aus Fichten-und Tannenholz ungefähr 3000 Brenten, 500 Wannen, 20.000 Schäffer, 200 Kübel, 500 Fässchen, über 20.000 Zargen und Siebreife, 50.000 Fassspunde, mehrere tausend Büchsen für Gewürze, aus verschiedenen Sträuchern ungefähr eine halbe Million Bündel Zahnstocher zu je hundert Stück, aus Eichen-holz einige hundert Bottiche, aus Buchen- und Ahornholz unge-fähr 30.000 Löffel, aus Hasel, Esche und Kornelbaum ungefähr 400 Rechen, aus Kirschbaumholz 500 Fässchen, aus Buchen-holz 300 Kinderwägen, aus Buchen- und Ahornholz 10.000 Teller und Schüsseln, aus Hasel mehrere hundert Fliegenwedel erzeugt. In den Gerichtsbezirken Laas und Loitsch und einigen Dörfern des Bezirkes Adelsberg werden ungefähr jährlich erzeugt: Aus Fichten- und Tannenholz 100.000 Schäffer, 1000 Bottiche und Fässer, 2000 Weinbrenten, aus Buchen- und Ahornholz ungefähr 160.000 Löffel, aus Buchenholz 2000 Krauthobel, 1000 Kurbeln für Schleifsteine, aus Hasel mehr als eine halbe Million Fassreifen und ungefähr 10.000 Rechen. Im Gerichtsbezirke Laibach werden ungefähr eine Million Kistchen für Surrogate und Feigenkaffee aus Buchen- holz, circa 100.000 Kisten, dann 2000 bis 3000 Schäffer und ungefähr 400 Wannen aus Fichten- und Tannenholz, eine bedeutende Menge Hobelspäne für Zündhölzchen- schachteln und eine grosse Menge Fässer für Honig, Cement, Farb- und andere Waaren, dann mehrere hundert Wagen- leitern aus Fichtenholz, über 10.000 Löffel aus Ahorn- holz und mehr als eine Million Büschel Zahnstocher aus ver- schiedenen Sträuchern, mehrere tausend Besen aus Birken- reisig erzeugt. Im Bezirke Radmannsdorf werden jährlich aus Fichten- und Lärchenholz ungefähr erzeugt 17.000 bis 20.000 Schäffer, aus Fichten- und Buchenholz 300 Schmalz-, Kraut- und Waschbottiche, aus Buchenholz über 200 Hand- und andere Schlitten, Pflüge und Wirthschaftswägen, dann einige hundert Schneeschaufeln, aus Ahorn ungefähr 3000 Löffel und 200 bis 300 Paare Holzschuhe, ferner Tabaks- pfeifen, dann aus Fichtenholz beiläufig 200 Bienenstöcke.

Aus dem Gottscheer Bezirke, in welchem seit einigen Jahren, und zwar in der Stadt Gottschee, eine Fachschule für Holzindustrie und Stöckeerzeugung und eine Korbflecht- schule bestehen, werden auch grosse Quantitäten roher Stöcke in's Ausland exportirt, um dann wieder in grossen Mengen als Spazierstöcke nach Oesterreich eingeführt zu werden. Die gedachte Schule hat bereits, was die Belebung der Hausindu- strie in einigen Gegenden des Gerichtsbezirkes Gottschee, was den Formensinn, Feinheit und stylgerechte Ausführung

der Arbeiten anbelangt, viel erreicht, und es ist mit Bestimmt-
heit zu erwarten, dass in einigen Jahren die durch die Schule
geförderte Hausindustrie viele Familien ernähren wird.

Aus dem Lacker und Krainburger Bezirk werden Schäffer
und Fässer geliefert. Die Fässer werden zumeist beim Exporte
von Sauerkraut, Honig, sowie bei Versendungen von Brannt-
wein für den Localbedarf verwendet. Auch zur Verpackung
von Eisennägeln und anderen Eisenwaaren werden einige
tausend Fässer verwendet, die der Lacker und Radmannsdorfer Bezirk liefern. Waschzuber werden im Lacker Bezirk
ungefähr 800 und Spinnräder 1000 jährlich erzeugt, die zumeist in Krain Absatz finden. In der Pfarre Schwarzenberg
im Bezirke Idria wird die Schäffer- und Waschzuber-Erzeugung,
sowie jene kleiner Holzwaaren in ziemlich bedeutendem Umfange betrieben und in Innerkrain, Triest und dem Küstenlande abgesetzt. Rübenschaber liefert die Umgebung von
Mannsburg im Steiner Bezirke zwischen 3000 bis 4000 jährlich, welche auch in Steiermark, Croatien, dann in Fiume und
Triest Absatz finden.

Die für den Feldbau nöthigen Geräthe, als: Heugabeln,
Rechen, diverse Stiele, Dreschflegel, Pflug- und andere Räder
werden in nahezu allen Bezirken erzeugt, der Absatz derselben beschränkt sich jedoch nur auf Krain.

Die Hausindustrie-Erzeugnisse aus dem Reifnizer, Gottscheer, Grosslaschitzer und Radmannsdorfer Bezirke finden
in Krain, im Küstenlande, Kärnten, Steiermark, Dalmatien,
Croatien und Slavonien, einige auch in Ober- und Niederösterreich, Bosnien, Deutschland, Serbien, Rumänien und
anderen Orten, die aus dem Laaser, Loitscher und Laibacher
Bezirke meistens in Krain, dann aber auch im Küstenlande
und Kärnten, Zahnstocher auch in Wien, Ungarn, Galizien,
Deutschland, Serbien und Rumänien Absatz.

Die Korbflechterei wird in Krain vorzüglich in den Ortschaften an der Save von Vižmavje bis Förtschach, im Wocheinerthale, in Innerkrain bei Idria, Planina und im Wippacherthale, dann im Reifnizer Bezirke seit undenklichen Zeiten als Hausindustrie betrieben. Seit einigen Jahren thun sowohl die Korbflechtschule in Gottschee Vieles zur Vervollkommnung dieses Hausindustriezweiges, als auch zwei Lehrer, welche am k. k. Technologischen Gewerbe-Museum in Wien herangebildet wurden. Die Erzeugung beschränkte sich bis zum Jahre 1830 meist auf Körbe für den ländlichen Gebrauch. Um diese Zeit lernte ein Korbflechter aus Förtschach bei Lustthal in Agram die Verfertigung von Hand-, Wiegen-, Deckel- und anderen Körben, sowie das Färben der Ruthen mit Indigo. In seinen Heimatsort zurückgekehrt, betrieb er die Anfertigung derartiger Körbe, die im nahen Laibach leicht Absatz fanden. Aufgemuntert durch den schnellen, vortheilhaften Absatz haben auch andere Korbflechter derartige Körbe verfertigt. Der Absatz war zwar ein schneller, allein die Erzeugung konnte sich quantitativ nicht besonders heben, weil die Verkäufer nur den Localbedarf zu decken hatten und die wegen des grossen Volumens der Körbe theuere Wagenfracht einen Export nicht zuliess. Der Eröffnung der Eisenbahn folgte auch gleich eine regere Thätigkeit in dem Betriebe dieser Hausindustrie, und dem Beobachter entging es nicht, dass sich dieselbe seit dem Jahre 1849 zusehends hob, weil die Eisenbahn es ermöglichte, hierländige Körbe in den Nachbarländern Kärnten, Steiermark, Croatien, ja auch in Oberösterreich und Ungarn abzusetzen.

Der Reifnizer Bezirk liefert jährlich ungefähr 20.000 Körbe aus Hasel, Weide und Waldrebe, der Laibacher ungefähr 50.000 aus Weide; in diesem Bezirke werden auch Flaschenkörbe erzeugt. Das Material ist in genügender Menge im Lande vorhanden, nur die rationelle Weidencultur ist fast noch unbekannt, und auch in dieser Richtung würde eine Korbflechtschule in Laibach, die mit einer Weidenculturstation in Verbindung stünde, viel Erspriessliches leisten. **Kämme, Bürsten und dergleichen.** In verschiedenen Theilen des Landes, in Inner- und Oberkrain, auch in Unterkrain verfertigt der Landmann Bürsten und Pinsel, dann aus Horn Löffel, Kämme, Feuerzeugbüchsen, und sind besonders die Hornkämme aus Bischoflack zu nennen, die einen ansehnlicheren Handelsartikel darstellen; desgleichen liefert Oberkrain als Specialität Zinnkreuze, Zinnschalen und die sogenannten »Soldatenspiegel«.

Johann Murnik

OBERÖSTERREICH UND SALZBURG.

I. Die Viechtau.

In der westlichen Seite des herrlichen Traunsees, zwischen dem lieblichen Traunkirchen und dem uralten Pfarrdorfe Altmünster, entlang des reizenden Aurachthales ist das Gebiet, welches unter dem allgemeinen Namen der Viechtau die Hauptstätte der Hausindustrie des Salzkammergutes bildet.

Während von Hallstatt bis Ebensee im ganzen Kammergut, in Folge des fortwährenden Verdienstes bei den Salinen, beim Forstbetrieb und neuerer Zeit auch bei anderen industriellen Unternehmungen die hausindustrielle Beschäftigung der Bewohner eine mehr vereinzelte ist, so ist in der Viechtau eine im ganzen Thale zusammenhängende Hausindustrie zu treffen.

Leider, wie meistens bei der Hausindustrie, ist auch hier die Armuth eine grosse, und die Holzwaarenarbeiter können bei allem Fleisse kaum so viel verdienen, als sie zum Leben brauchen.

Freilich sind sie auch von einer gewissen Schwerfälligkeit dem Fortschritte gegenüber nicht freizusprechen, aber sie ertragen ihr armseliges Geschick mit grosser Resignation und sind ehrliche, rechtliche Menschen.

Doch sollen diese Zeilen nicht die socialen Verhältnisse der Viechtauer Spielwaarenarbeiter behandeln, sondern in gedrängter Kürze ein Bild ihrer Thätigkeit auf dem Felde der Hausindustrie bieten, welche bei der Allgemeinen land- und forstwirthschaftlichen Ausstellung in Wien durch eine Collectivgruppe der Industrieobjecte veranschaulicht wird.

Dass sich die Bewohner der Viechtau mit der Erzeugung von Holzschnitzerei und Drechslerwaaren seit uralter Zeit beschäftigen, ist gewiss, und dürfte ähnlich der Berchtesgadner, wo die Schnitzerei der Sage nach um 1130 durch Mönche vom Kloster Rottenbuch bei Ammergau eingeführt wurde, ebensolange betrieben worden sein, was auch durch die Aehnlichkeit der erzeugten Objecte bestätigt wird.

Dass die Berchtesgadner in ihren Bestrebungen glücklicher als die Viechtauer gewesen sind, mag seine Ursache in verschiedenen günstigen Umständen gefunden haben, jedenfalls waren dieselben unseren Landsleuten an kaufmännischem Blicke überlegen, da selbe bekanntermassen schon in der zweiten Hälfte des 16. Jahrhundertes Niederlagen in Antwerpen, Cadix, Genua, Nürnberg und Venedig hatten.

Unsere Viechtauer waren durch verschiedene Verhältnisse nicht in der glücklichen Lage, es ihren bayrischen Berufsgenossen gleich zu thun; im Jahre 1696 wurde denselben der Hausirhandel sogar gänzlich entzogen.

Später erschloss sich für die Viechtauer Waaren ein Absatzgebiet in den unteren Donauländern, was sich wahrscheinlich, nachdem der Hausirhandel verboten war, Dank den Wasserstrassen der Traun und der Donau vollzogen hat.

Die Viechtauer Holzwaarenarbeiter kann man nach der Art ihrer Erzeugungsproducte in fünf Gruppen theilen:

A. Die Verfertiger von land- und hauswirthschaftlichen Geräthen.

B. Die Löffelmacher und Löffelmaler.

C. Jene, welche Gegenstände erzeugen, zu denen gespaltenes Holz nothwendig ist.

D. Die Drechsler.

E. Die Spielwaarenschnitzer.

A. Die erste Gruppe ist durch eine zeitgemässe, gesunde Entfaltung und auch dadurch, dass allgemein nothwendige Gebrauchsgegenstände erzeugt werden, verhältnissmässig die bestsituirte.

Es beschäftigen sich damit circa 60 Familien von zusammen 120 bis 130 Familiengliedern.

Erzeugt werden: S t a n g e n, B e s e n s t i e l e, B e s e n, Schaufeln, Heugabeln, Kumpfen, Rechen, Kluppen, Schüsseln, Moltern, Mehlschaufeln, Nudelwalker, Gurkenhobel, Butterformen, Fleischschlägel etc.

Zu den landwirthschaftlichen Geräthen wird grösstentheils feinspaltiges Fichtenholz verwendet.

Zu den Geräthen für Hauswirthschaft meistens Buchen-, Ahorn- und etwas Eschenholz.

Die Wäschkluppen, aus Buchenholz verfertigt, sind der schlechtest bezahlte Artikel, indem für 70 Dutzend 1 fl. bezahlt wird. Ein Arbeiter kann in einem Tage 15 bis 17 Dutzend erzeugen, je nach seiner Leistungsfähigkeit.

Tranchirteller und Hackbretter aus Ahornholz werden zum Theil auch in Goisern und Ischl erzeugt, da das Ahornholz in der Viechtau nicht mehr ausreicht und häufig aus der Grünau bezogen werden muss; so wird auch ein bedeutender Theil von Schüsseln, welche von hier in Handel kommen, am Attersee, namentlich in Unterach erzeugt.

Alle diese hier angeführten Haus- und Küchengeräthe sind gut und hübsch gearbeitet, gehen nach Wien und Pest; solche Artikel sind auch in ansehnlichen Qualitäten nach der Schweiz und Westphalen gesendet worden.

B. Die Löffelmacher. Diese bilden die älteste Gruppe in der alten Gilde der Viechtauer Holzwaarenarbeiter.

Ihre Lage ist auch die denkbar traurigste, und ihr Gewerbe erfordert bei dem niedrigen Waarenpreis unverhältnissmässig viel und schönes, glattschäftiges Buchenholz, was in forstwirthschaftlichen Kreisen lautes Bedenken hervorruft.

Es dürften sich gegenwärtig einige 80 Familien mit dieser Hausindustrie beschäftigen.

Die Löffel unterscheiden sich in zwei Gattungen, und zwar: *a)* Kochlöffel, *b)* Esslöffel.

Erstere werden in der Länge von 28 Centimeter bis 79 Centimeter (sogenannte Ellenlöffel) erzeugt.

Die Esslöffel zerfallen in vier Sorten von 15 bis 19 Centimeter Länge und werden in Büschel per Dutzend in den Verkehr gesetzt.

Ein jedenfalls durch das Absatzgebiet hervorgerufener Brauch ist das Lackiren der Esslöffel mit bunten, dann in Gold und Silber ausgeführten Ornamenten, Blüthen und Inschriften auf schwarzem Grunde.

Das Lackiren der Löffel wird als separates Geschäft betrieben und dabei die möglichste Arbeitstheilung eingehalten. Die Arbeit des Lackirens ist sehr complicirt; jeder Löffel muss vierzehnmal in die Hand genommen werden, bis er fertig ist.

Für 100 Dutzend sogenannter »Rundmaulet« und Silberlöffel wird für das Lackiren 4 bis 5 fl. bezahlt. 300 Dutzend bewältigt ein Lackirer im Monat.

Der Maximallohn beträgt per Tag 40 kr., aber dieser Betrag wird nur von einer Minderzahl erreicht.

Die Esslöffel gehen nach Serbien, Bulgarien, Bosnien und einem Theil von Albanien.

Theils durch die politischen Verhältnisse und theils durch den von Frankreich massenhaft eingeführten Blechlöffel verringert sich von Jahr zu Jahr der Absatz dieser Holzlöffel.

Nach Westphalen und nach Ungarn wird noch je eine gewisse Gattung von Löffeln abgesetzt.

C. Die Spaltwaarenarbeiter. In diese Gruppe gehören die Binder, Schaffelmacher und Schachtelmacher. Diese Gruppe braucht zur Erzeugung ihrer Artikel vorzugsweise Fichtenholz, und dieses muss weiss, astrein, gleichfasrig und insbesonders spaltig oder kliebig sein, wozu nur besondere Stämme ein brauchbares Material liefern. Dies veranlasst auch wieder, dass von forstwirthschaftlicher Seite Bedenken dagegen obwalten, das Holzquantum ohne Schädigung des Forstbestandes aufzubringen, umsomehr, als sich diese Branche vermehrt.

Die Schaffelmacher und Binder bilden unter den Viechtauern eine ganz ansehnliche Zahl, es dürften sich circa 50 Familien damit beschäftigen und die jährliche Erzeugung mag, approximativ angenommen, 36- bis 40.000 Stück Wasserschaffel betragen.

Es werden diese Objecte in den verschiedensten Grössen, auch in der Form mannigfaltig, oval, rund, hoch und niedrig gemacht.

Bei den kleineren wird der sogenannte Berchtesgadner Reif mit dem eigenen Verschluss, bei grösseren Schaffeln werden Eisenreifen angewendet. Sehr gut macht sich die Verwendung von rothem Lärchenholz, von welchem je eine Rippe zwischen zwei Taufeln (Dauben) eingefügt wird.

Die Arbeit ist eine ganz saubere, gute, das Aussehen der Gegenstände ein gefälliges.

Aus einem Festmeter astreinem Fichtenholz ist es möglich, 34 Schaffeln mittlerer Grösse zu erzeugen.

Der Wochenverdienst einer Schaffelbinderfamilie dürfte 5 bis 9 fl. betragen. Für ein Dutzend grosser Schaffel bezahlt der Verleger 5 fl.

An die Schaffler schliessen sich die Schachtelmacher an, welche wohl keine grosse Zahl ausmachen.

Es gelangt auch bei der Anfertigung der Schachteln ein feinkliebiges Fichtenholz zur Verarbeitung.

Die Schachteln werden in runder und ovaler Form von 7 Centimeter Länge, 4 Centimeter Breite bis zu 66 Centimeter Länge und 35 Centimeter Breite hergestellt. Es wird bei der Herstellung und für den Verkauf immer ein Schachtelsatz zusammengestellt (aus 4 bis 6 Stück), bei welchem anreihend nach der Grösse ein Stück in das andere eingeschachtelt wird.

Ein Theil der erzeugten und in die unteren Donauländer verhandelten Schachteln wird bemalt, indem auf rothem Grunde mit weisser, blauer und gelber Deckfarbe Ornamente, manchesmal auch mit Vergoldung versehen, angebracht werden. Die Muster sind ganz originell und dürften den seinerzeit von Händlern aus den Donauländern heraufgebrachten (da dieselben den südslavischen Charakter tragen) nachgeahmt worden sein.

Der Verdienst der Schachtelmacher ist ein sehr schlechter, namentlich jener der Schachtelmaler. Diese Malerei wird meistens von Weibern betrieben.

D. Die Drechsler. Dieselben erzeugen: Salzfassel, Gewürzbüchsen, Nadel- und Federbüchsen, Rosenkränze, Sprudler, Holztrichter, Spagatspulen, Rollhölzer etc. etc.

Die Mehrzahl dieser Artikel wird noch so ziemlich, d. h. nach Neukirchner Begriffen, gut bezahlt.

Manche Artikel, die früher sehr gangbar waren, haben aufgehört, erzeugt zu werden.

Die Drechsler verarbeiten Ahorn-, Zwetschken- und Birnbaumholz. Auch werden Fasspipen in nicht unbedeutenden Mengen erzeugt, namentlich in der Ortschaft Traunkirchen. Die Elite unter den Pipendrechslern befindet sich in Ebensee.

E. Spielwaarenschnitzer. Diese Gruppe ist eine sehr arme, sie ist auch diejenige, nach welcher die Viechtauer Hausindustrie grösstentheils beurtheilt wird. Es existirt eine ansehnliche Zahl (bei 130) Familien, welche sich mit dieser Art Industrie beschäftigen. Dieselben sind, was das theilweise Ueberlebte ihrer Industrie betrifft, mit den Löffelmachern zu vergleichen, auch darin, dass selbe die gleichen Absatzgebiete in den slavischen Balkanländern haben.

Der Erzeuger in der Viechtau arbeitet an diesen Gegenständen in gleicher Weise, wie einst sein Urgrossvater, und auch um den gleichen Preis; denn nachgewiesen ist, dass die Preise, vom Verleger vor mehr als vierzig Jahren bezahlt, bei vielen Artikeln eher besser waren als heute.

Es ginge zu weit, alle Gegenstände aufzuzählen, die in dieser Gruppe erzeugt werden, aber es sind manche darunter, die urwüchsig doch etwas Originelles an sich haben und die auf das spielende Kind vielleicht mehr Reiz ausüben als die übertrieben feinen Pariser Spielsachen, welche in die zarte Kindesseele schon die ersten Keime von Ungenügsamkeit und Blasirtheit legen.

Mit diesem will aber nicht gesagt sein, dass es die Spielwaaren-Erzeugung in der Viechtau nicht nöthig hätte, sich zu verbessern; — gewiss nicht, denn es sind darunter manche Artikel, die den kleinen Zulukaffern vielleicht auch nicht ganz gefallen würden.

Dass sich einige Artikel in der Form seit mehreren Jahren etwas gebessert haben, lässt sich nicht leugnen.

Zum Schlusse sei es gestattet, noch einige allgemeine Bemerkungen hinzuzufügen.

Wenn man die interessante Broschüre des k. k. Forstrathes Rudolf Nekola, welche auch hier benützt wurde, durchliest, so findet man häufig die Aussicht ausgesprochen, dass die forstwirthschaftlichen Verhältnisse durch den Betrieb der Viechtauer Hausindustrie derartig ungünstig werden, dass es in der Zukunft nicht mehr möglich sein wird, den Holzarbeitern das Rohmaterial abzugeben. Es wird darin die Errichtung der dortigen Fachschule freudig begrüsst.

Der Berichterstatter muss gestehen, dass er, als er dies vor acht Jahren gelesen hat, nicht so siegesfreudig in die Zukunft blickte, was er auch leider begründet fand.

Es ist gewiss nicht leicht, so alte Verhältnisse, welche sich in ein so conservatives Volk eingelebt haben, zu ändern und der Besserung zuzuführen.

Nicht leugnen lässt sich, dass durch die Schule ein Anfang gemacht wurde. Aber unbillig wäre es, zu verlangen, dass mit so geringen Mitteln in dem so schlechten Hause, in welchem die Schule untergebracht ist (vom Monat Mai d. J. ab wird ein besseres, geräumigeres bezogen), die Anstalt einen mehr fühlbaren Einfluss, als es bis jetzt geschah, auf die Hausindustrie Viechtaus hätte nehmen sollen.

Hier liegen die Verhältnisse tiefer und es muss von allen Factoren zusammengewirkt werden, wenn sich die

Sache bessern soll. Mussten ja doch auch für die nothleidende Messerindustrie des Steyrer-Thales, nebst der wirklich vortrefflich eingerichteten k. k. Fachschule und Versuchsanstalt für Eisenindustrie, Schleifereien etc. um namhafte Beträge hergestellt, überhaupt eine Hilfsaction eingeleitet werden.

Jedenfalls verdienen es die alte Hausindustrie Viechtaus und die braven armen und ehrlichen Holzwaarenarbeiter, dass ihnen die Gnade und das Interesse von hoher Seite nicht entzogen werde, sondern dass sie noch weiter unterstützt werden möchten.

II. Das obere Salzkammergut.

In Ebensee wurde und wird die hausindustrielle Beschäftigung im Ganzen in geringem Massstabe betrieben.

Die Hauptbeschäftigung bietet den Bewohnern die grosse, seit 1607 in Betrieb gesetzte k. k. Saline und das k. k. Forstärar. Es datirt auch von dieser Zeit die Vergrösserung des Ortes, welcher früher aus wenigen Fischerhäusern und anderen, zerstreut gelegenen Gebäuden bestand.

Seit alter Zeit wurden so nebenher von einzelnen Bewohnern, wie dies in anderen Gebirgsorten auch der Fall ist, Schnitzarbeiten, namentlich Gemsen und Hirsche gefertigt. Dies hat sich bis heute erhalten, und Ebensee weist in dieser Richtung, nebst einem weithin bekannten, tüchtigen Thierschnitzer, Ernst Heissl, dessen ganze Familie sich mit Schnitzerei beschäftigt, noch eine Anzahl Holzschnitzer (J. Loidl) auf, welche verschiedene Rahmen, Thiere etc. etc. anfertigen.

Im Weiteren wird seit Anfang dieses Jahrhundertes oder von noch etwas früher her die Fasspipendrechslerei betrieben.

Diesem Erwerbszweige obliegen sechs bis acht Drechsler, welche mit einem kleinen Personal arbeiten, und in dieser Richtung geniessen die Erzeugnisse des M. Loidl, jetzt M. Loidl's Witwe, durch ihre vorzügliche Arbeit einen weitverbreiteten Ruf. Das Geschäft wird von dieser Familie seit sechzig Jahren betrieben.

Die Erzeugnisse der anderen Pipendrechsler werden in Ebensee durch die Firma Auderieth und Stöger in Vertrieb gesetzt und haben das Renommée einer sehr guten und soliden Waare.

Weiters werden auch Hirschhornknöpfe erzeugt, und zwar von J. Lemmerer und J. Steinkogler.

Seit 1881 befindet sich in Ebensee eine k. k. Fachschule für Holzindustrie. Eine Reihe absolvirter Schüler hat bereits die Anstalt verlassen, von welchen mehrere sich in Ebensee beschäftigen.

In den Gemeinden Ischl, Goisern, Hallstatt und Gosau*) sind zur Zeit 28 Familien hausindustriell beschäftigt, und deren Thätigkeit erstreckt sich auf die Erzeugung von Drechsler- und Schnitzarbeiten, sowie von Marmorwaaren.

Das reichliche Vorhandensein von zu Drechsler- und Schnitzarbeiten gut geeigneten Hölzern, als: Buche, Ahorn, Ulme, Erle, Linde, Esche, Eibe, Zirbel und Wachholder, sowie die nahezu kostenlose Beschaffung von schön gefärbtem und reich textirtem Marmor, in Verbindung mit der angeborenen Geschicklichkeit und Handfertigkeit der Bewohner, haben seit vielen Decennien in den Thälern des oberen Kammergutes eine rege hausindustrielle Thätigkeit erhalten.

Es werden zumeist Galanterie- und Spielwaaren, sowie

*) Die auf die genannten Orte bezüglichen Daten stammen von dem Hallstätter Fachschulleiter Herrn Göbel her.

verschiedene Gegenstände, für den Hausrath bestimmt, angefertigt, und diese Erzeugnisse finden durch Vermittlung von Händlern und Verlegern ihren Absatz theils in den Ländern der Monarchie, theils in den Donaufürstenthümern und im Orient.

Aber auch der im Kammergute ausserordentlich gestiegene Fremdenverkehr führt viele Käufer den Producenten direct zu, und dieser Umstand ist es zunächst, welcher eine bessere Verwerthung der erzeugten Waaren und demzufolge nicht allein lohnenderen Verdienst, sondern auch vermehrte Lust zur Thätigkeit erzielt.

Im Allgemeinen ist der Erwerb der Hausindustriellen ein mühe- und sorgenvoller; der durchschnittliche tägliche Verdienst erreicht bei einem ziemlich geübten Arbeiter 55 bis 65 kr., und wenn die Familienglieder sich an der Arbeit betheiligen, was in den meisten Fällen zutrifft, so wird die tägliche Gesammteinnahme im Durchschnitte mit 1 fl. bis fl. 1·10 anzunehmen sein.

Das leidige, ungesunde Verhältniss, in welchem ein grosser Theil der Hausindustriellen zu den Verlegern steht, übt einen nicht unwesentlichen Rückschlag auf die Fortentwicklung und den Bestand der einst blühenden Hausindustrie aus, und obwohl im Allgemeinen, insbesonders aber in den Gemeinden Ischl und Hallstatt, sich bei den Erzeugern das Bestreben nach Emancipirung von den Verlegern kundgibt, ist doch ein nicht geringer Theil derselben noch vollständig in den Händen der Verleger, welche den meist in höchster Geldnoth befindlichen Arbeiter bei Lieferung seiner Waaren arg bedrücken.

Eine Besserung würde nur herbeigeführt werden können, wenn der Consument mehr direct mit dem Producenten in Verbindung gebracht werden könnte, was ja nicht allzu schwer zu erreichen wäre, wenn dem Letzteren die Möglichkeit geboten würde, sein Product an grösseren Handelsorten zu exponiren.

———

III. Spielkugel-Erzeugung aus Untersberger Marmor.

Die grossen und allbekannten Marmorbrüche am Untersberg nächst Fürstenbrunn und jene zu Adnet, in der Nähe von Hallein, liefern ein ausgezeichnet schönes Materiale, welches zu architektonischen und Monumental-Arbeiten grosse Verwendung fand und findet.

Nebst der Verarbeitung grosser Werkstücke zu vorerwähnten Gegenständen werden auch Marmorabfälle theils zu Mosaikarbeiten verwendet, theils werden sie als Rohmaterial zu einer ehemals sehr schwunghaft betriebenen Hausindustrie verwerthet.

Die entsprechend kleinen Stücke der eigens zubehauenen Marmorabfälle werden auf den zahlreichen, höchst einfach construirten, kleinen, durch Wasserkraft betriebenen Mühlen in Kugelform gebracht.

Dieses Fabricat fand seinerzeit als Spielzeug für Kinder grossen Absatz; es wurde sogar nach Amerika, als Schiffsballast, verfrachtet.

In letzter Zeit wurden durch die Massenproduction von Spielkugeln in Thüringen die Preise sehr herabgedrückt, so dass sich die Erzeugung in dieser Gegend kaum mehr lohnt.

Vor circa 25 bis 30 Jahren wurden noch an 6 bis $6^{1}/_{2}$ Millionen Stück per Jahr erzeugt; seit dieser Zeit ist die Erzeugung sehr zurückgegangen.

Hans Greil.

TIROL.

on allen den zahlreichen, in den natürlichen Verhältnissen des Landes begründeten (da ja in
vielen Theilen des Landes die Landwirthschaft
allein zur Ernährung der bäuerlichen Bevölkerung nicht ausreicht und häufig auch ein langer Winter productiv verwerthet
werden muss) Hausindustrien Tirols sind nur mehr wenige
Reste bis auf unsere Tage gekommen. Die Umwälzungen
der früheren Communicationsverhältnisse, der leichte Verkehr mit den Handels- und Gewerbsstätten, der gewaltige
Aufschwung des Maschinenwesens und noch manche andere
nicht minder wesentliche allgemeine wie specielle Ursachen
haben auch hier auf fast alle Zweige der Hausindustrie
lähmend oder aber gar gänzlich zerstörend eingewirkt und
damit eine Erwerbsquelle verschlossen, welche einerseits
besser als der karge Boden allein dem Landmanne die Mittel
bot, sich des Daseins Mühe zu erleichtern, andererseits aber
vielfach auch auf eine Verbesserung der Bodenbewirth-
schaftung Einfluss nahm, die das Erträgniss blos dieser
letzteren allein niemals gestattet hätte.

Nur wo die Hausindustrie der Fabriksindustrie noch
Widerstand zu leisten vermag, die Arbeit also noch wesentlich mit der Hand und mit nur einfachen Werkzeugen und

Maschinen geschehen muss, oder aber der fabriksmässige Betrieb die Productionskosten nicht erheblich vermindern kann, finden sich noch grössere oder kleinere Reste eines ehemals blühenden Hausfleisses.

Zwar werden auch diese wenigen der Hausindustrie noch übrig gebliebenen Gebiete in immer engere Grenzen eingezwängt, doch soll damit keineswegs schon gesagt sein, dass die Hausindustrien Tirols keine Zukunft mehr haben. Es scheint vielmehr, dass unter Anwendung der richtigen Massnahmen die natürliche Begabung des Volkes überall dort, wo die Individualität des Arbeiters an dem einzelnen Erzeugnisse noch zur Geltung kommen kann, sei es nun in der Richtung auf die Kunst oder in der Richtung auf die Fertigkeit bei Hervorbringung eines Stückes für den speciellen Bedarf, noch zu den schönsten Hoffnungen berechtigt.

Solche Industriezweige wären z. B. die Spitzenklöppelei, theilweise die Handweberei, Stickerei und Strickerei, die Erzeugung mancher Bekleidungsartikel, landwirthschaftlicher Geräthe, die Kleineisen-Fabrication, die Stroh- und Korbflechterei, die Holzschnitzerei, manche Zweige der Bijouterie und Tabletterie u. A. m.

Die im Nachstehenden angeführten Daten über die im Lande noch existirenden Hausindustrien sind zum grossen Theile den Ergebnissen der eigens zum Zwecke dieser Publication erbetenen Erhebungen der k. k. politischen Bezirksbehörden entnommen, welchen für ihre gütige Mühewaltung an dieser Stelle der verbindlichste Dank auszusprechen gestattet sei.

Die einst blühende **Spitzenklöppelei** hat ihr früheres Ansehen als nationale Hausindustrie fast ganz eingebüsst; sie wird mit wenigen Ausnahmen grösstentheils nur mehr vereinzelt und zum Hausgebrauche betrieben.

Nur im Ahrnthale — politischer Bezirk Brunneck — beschäftigen sich noch circa 200 Weiber mit der seit vordenklichen Zeiten dort eingeführten Spitzenklöppelei und erzeugen den langen Winter hindurch circa 16.000 Meter Spitzen im Werthe von beiläufig 7000 bis 8000 fl. und mit einem durchschnittlichen Tagesverdienst von circa 25 kr. Der Vertrieb geschieht durch Hausirer, welche auch das nöthige Arbeits-Materiale im Austausche gegen fertige Spitzen besorgen. Die übrigen bedeutenderen Erzeugungsstätten stehen mit den von der hohen Unterrichtsverwaltung gegründeten Fachschulen in Verbindung und lassen schon insoferne das Beste erwarten, als die Schülerinnenzahl an diesen Schulen eine ganz bedeutende ist und auch die commercielle Gebahrung sich langsam zu heben beginnt.

So beschäftigen sich beispielsweise in Luserna — politischer Bezirk Borgo — bei 60 Mädchen mit dem Spitzenklöppeln und produciren bei einem Tagesverdienste von durchschnittlich 40 kr. 2200 Meter Spitzen im Werthe von beiläufig 1100 fl. Der Vertrieb der fertigen Waare geschieht durch Verleger.

In Proveis und Malé — politischer Bezirk Cles — erzeugen ebenfalls circa 60 Mädchen, aber nur gegen Bestellung, jährlich mehrere hundert Meter Spitzen im ungefähren Werthe von 3000 fl. und verdienen damit je 40 kr. täglich.

Die Fachschule in Predazzo — politischer Bezirk Cavalese — beschäftigt circa 60 Schülerinnen. Nähere Daten fehlen.

Als geeignetstes Mittel zur Hebung und Förderung der Spitzenklöppelei wird übereinstimmend eine bessere Organisation des kaufmännischen Vertriebes angegeben.

Auch die mit der Viehzucht in Verbindung stehende

und einst bedeutende **Wollmanufactur** — wir erinnern hiebei nur an die bereits eingegangenen Hausindustrien in St. Siegmund im Pusterthale, im Schnalserthale, im Vintschgau u. s. w. — hat zum grössten Theile ihren Untergang gefunden. Nur im Patznaunthale — pol. Bez. Landeck — beschäftigen sich noch die meisten Weiber mit der Verfertigung von Wollsocken und Strümpfen, welche dann — circa 15.000 Paare im Werthe von beiläufig 7—8000 fl. — durch Hausirer in den Handel kommen. Das Arbeitsmateriale liefert die Schafzucht des Thales, doch wird Wolle theilweise auch aus Vorarlberg bezogen. Der Tagesverdienst beträgt im Durchschnitte 13 kr.

An dieser Stelle wäre auch die uralte Lodenindustrie des Zillerthales — pol. Bez. Schwaz — zu erwähnen, welche in Verbindung mit der ebendort betriebenen Weberei von ordinärer Bauernleinwand bei Einzelnbetrieb und in der Zeit, welche die Feldarbeit übrig lässt, jährlich circa 1000 Metercentner Waare erzeugt. Das Arbeitsmateriale liefern der eigene Viehstand, sowie der selbstproducirte Flachs. Der Vertrieb der Waare geschieht theils durch Hausirer, theils im Grosshandel.

Ueber die Hutindustrie in Sexten konnte nichts in Erfahrung gebracht werden, und scheint dieselbe, wenigstens als Hausindustrie, bereits eingegangen zu sein.

Jedenfalls weist die bis in's 16. Jahrhundert zurückreichende, in Tiarno di sotto — pol. Bez. Riva — etablirte Erzeugung schafwollener Hüte zur Zeit noch günstigere Verhältnisse auf. Dieselbe beschäftigt noch immer circa 80 Personen bei einem durchschnittlichen Tagesverdienste von 75 kr. bis 1 fl. und producirt mit wenigen Ausnahmen nur während des Winters bis 100.000 Hüte im Werthe von 30—35.000 fl.

Die Arbeit geschieht fast ausschliesslich mit der Hand, da nur zum Kardätschen und zum Walken der Wolle je eine durch Wasserkraft getriebene Hilfsmaschine aufgestellt ist. Der Vertrieb geschieht theils im Wege des Hausirhandels, theils werden die Hüte direct an die Kaufleute in der Provinz abgesetzt. Der grösste Theil, besonders die „ordinären Hüte", geht nach Italien.

Zur Förderung dieser Hausindustrie, mit welcher auch eine bisher wenig einträgliche Filzschuh-Erzeugung verbunden ist, empfiehlt die politische Behörde, nach dem Gutachten der Industriellen in Tiarno di sotto, unseren Consulaten, insbesondere in Amerika, eine grössere Theilnahme für diese Artikel. Durch eine kräftige Unterstützung dieser wie jeder anderen Wollindustrie könnte nicht nur der jetzt stark darniederliegenden Schafzucht aufgeholfen werden, es würde damit auch am besten der stets zunehmenden Auswanderung gesteuert. Eine ebenso kräftige Förderung sollte auch die einst so bedeutend gewesene Leinweberei erfahren. Dieselbe wird ausser, wie schon erwähnt, im Zillerthale nur mehr hie und da vereinzelt betrieben, erzeugt ausschliesslich ganz ordinäre Waare und besitzt gar keine mercantile Bedeutung mehr.

Bei den Hausindustrien auf textilem Gebiete wären nur noch zu erwähnen: die Maschinenstickerei in einigen Gemeinden des Bezirkes Reutte und eine seit drei Jahren eingeführte Industrie zur Erzeugung wollener Taschentücher in Dordine — pol. Bez. Trient. Dieselbe wird vereinzelt im Winter von nur 20 Personen, darunter zehn Kindern, betrieben und liefert bei einem Tagesverdienste von 15 kr. um beiläufig 800 fl. Waare. Die Erzeugnisse werden durch einen Verleger im Wege des Hausirhandels und auf den Märkten vertrieben.

Die Verfertigung von **Tabaksdosen, Pfeifen** und **Löffeln** aus Horn in der Umgebung von Sterzing ist als erloschen zu betrachten, da sich nur mehr kaum nennenswerthe Ueberbleibsel einer einst intensiv betriebenen Hausindustrie in diesen Artikeln vorfinden.

Bedeutender scheint eine verwandte Industrie noch in Ehrwald — Bez. Reutte — zu sein, wo den Winter hindurch noch eine genügende Zahl von Arbeitern mit der Erzeugung von Pfeifenspitzeln aus Horn Beschäftigung findet. Diese Artikel werden durch Hausirer weiter in den Handel gebracht.

Die hausindustrielle Verarbeitung des **Eisens** wird an allen Orten, wo dieselbe früher blühte, z. B. in den Gemeinden des Eggenthales, im Gebiete von Sterzing, im Stubai u. s. w., nur mehr gewerbsmässig betrieben, und bieten nähere Daten hier also kein besonderes Interesse.

Nur in Molina — pol. Bez. Riva — hat sich noch ein Rest der dort sehr alten Kleineisenindustrie erhalten; wenigstens beschäftigen sich dort noch circa 100 Personen den Winter hindurch mit der Erzeugung von Nägeln und Wassereimern, wozu sie das Stabeisen aus Kärnten beziehen und altes Eisen in der Provinz aufkaufen. Der Werth der erzeugten Waare im durchschnittlichen Gewichte von 600 Centnern per Jahr beträgt beiläufig 18.000 fl., der Tagesverdienst für den einzelnen Arbeiter wenig mehr als 50 kr.

Bei dieser Hausindustrie wird auch Wasserkraft benützt. Die Erzeugnisse werden nur im Lande selbst abgesetzt, doch droht denselben, insbesondere durch die böhmische Concurrenz, auch von diesem letzten Absatzgebiete verdrängt zu werden.

An dieser Stelle mag auch noch die durch die k. k. Fachschule unterstützte **Silberfiligran-Industrie** in Cortina d'Ampezzo Erwähnung finden. Dieselbe dürfte aber derzeit nicht strenge unter die Bestimmungen des § 3 des Gesetzes vom 30. März 1888, R.-G.-Bl. Nr. 33, subsummirt werden können und muss daher einstweilen unerörtert bleiben.

Die weitaus zahlreichsten und bedeutendsten Hausindustrien gründen sich in Tirol noch auf das **Holz** als Arbeitsmateriale.

Abgesehen von den zahlreichen, in den einzelnen Gehöften des ganzen Landes zerstreuten, den ganzen Winter hindurch arbeitenden Verfertigern der verschiedenartigsten landwirthschaftlichen Geräthe, werden letztere Artikel in ausgedehnterem Masse auch erzeugt im Sulden- und Martelthale des Meraner Bezirkes — Wasserschaffel, Milchgeschirre, Waschwannen, Bottiche u. s. w.

In der Gemeinde Vils des Bezirkes Reutte werden Schmalzkübel, in den Gemeinden Ehrwald, Hinterwang, Höfen, Pflasch, Breitenwang und Staupach desselben Bezirkes Rechen und Heugabeln angefertigt.

Die gleichen Objecte und ausserdem noch Körbe, Leitern etc. beschäftigen seit beiläufig achtzig Jahren und bei einem Tagesverdienste von durchschnittlich siebzig Kreuzern in den Gemeinden Folzaria (und hier speciell in den Fractionen: Carbonare, Zobel und Girardi) und in St. Sebastiano circa 120 Personen. Die Erzeugnisse im beiläufigen Werthe von 2000 fl. werden durch die Hausindustriellen selbst auf den Märkten Südtirols abgesetzt.

In Sover — politischer Bezirk Trient — existirt eine Hausindustrie, welche sich mit der Erzeugung von Holzschuhen, Trag- und sonstigen grösseren Körben befasst. Hiebei arbeiten circa zwanzig Männer, bei einem Tagesverdienste von 70 Kreuzern, den ganzen Winter hindurch. Der Werth der erzeugten Waare beträgt nur beiläufig 500 fl.

Inwieweit die in Cles, Denno, Malé und Proveis etablirten Korbflechtschulen zur Belebung einer Hausindustrie
in diesen Orten beizutragen vermochten, konnte nicht in Erfahrung gebracht werden, doch weisen diese noch ziemlich
jungen Anstalten immerhin eine genügende Schülerzahl auf,
was auf ein lebhaftes Interesse seitens der Bevölkerung
schliessen lässt.

Bedeutender aber als alle bisher genannten holzver-
arbeitenden Hausindustrien sind jene, welche sich mit der
Erzeugung von ordinären Spielwaaren und mit dem
»Bildschnitzeln« befassen.

Mit Ausnahme einer weniger ausgedehnten Hausindustrie auf letzterem Gebiete in den Gemeinden: Biber-
wier, Heiterwang, Reutte, Lasch und Aschau des Bezirkes Reutte ist der Hauptsitz dieser Industrie in den Gemeinden des Fassa- und Grödnerthales und im Enneberg zu suchen.

In den Gemeinden Canazei, Campitello, Mazzin,
Perra, Pozzo und Vigo des Fassathales beschäftigen sich
im Winter 432 Personen — 291 Männer, 124 Weiber und
17 Kinder — mit der Erzeugung von Spielwaaren, meist
Thierfiguren. Ausser den sehr primitiven Schnitzwerkzeugen werden auch in sechs Fällen mit Wasserkraft betriebene Drehbänke benützt. Das Arbeitsmateriale, Fichtenholz, beziehen die Arbeiter aus den Gemeinde- und Privatwaldungen, doch macht sich schon ein empfindlicher Mangel
an Holz fühlbar, und da es nach der Ansicht unseres Ge-
währsmannes undenkbar ist, dasselbe für diese Industrie
anderswoher beziehen zu können, dürfte der Fassaer Hausindustrie wohl keine lange Dauer mehr beschieden sein.

Nicht uninteressant ist die Beurtheilung dieser Hausindustrie seitens einer sonst massgebenden Autorität, welche

Folgendes schreibt: »Diese Hausindustrie ist darnach ange-
than, das Thal in kurzer Zeit zu Grunde zu richten, indem
bereits jetzt in einzelnen Gemeinden empfindlicher Mangel
an Brennholz herrscht. Holz von anderswo zu beziehen, ist
undenkbar. Das Aufgeben dieser Industrie ist eine Existenz-
frage für das Thal. Diese Industrie wirkt aber noch weiter
auch demoralisirend auf die Bevölkerung ein. Wo kein Holz
zum Schnitzeln ausgezeichnet werden kann, wird die Zuflucht
zum Stehlen genommen und das Geld für die erzeugte Waare
— ein wahres Spottgeld, so dass oft der Werth des Holzes
ein grösserer ist — ausschliesslich auf Schnaps verwendet.«

Nun einstweilen werden im Fassa noch immer circa
400.000 Stücke im beiläufigen Werthe von 25.000 fl. erzeugt
und resultirt für den Arbeiter doch noch ein Tagesverdienst
von ungefähr 75 kr. Der Vertrieb der Waare geschieht
ausschliesslich durch Verleger.

Eine bedeutend grössere Ausdehnung hat die seit angeblich 1703 dortselbst eingeführte Holzschnitzerei-Haus-
industrie im Grödnerthale und dessen Umgebung mit
den Hauptorten: St. Ulrich, Christina, Wolkenstein,
Ueberwasser, Pufels und Runggaditsch, St. Peter,
Lajen, Villnöss und Enneberg, wo sich über 2000 Personen — mehr als 75 Percent der Bevölkerung — mit derselben beschäftigen.

Diese Hausindustrie theilt sich hier in zwei streng ge-
sonderte Richtungen.

Die eine befasst sich, ähnlich wie im Fassathale, nur
mit der Erzeugung von Spielwaaren und theilweise auch
mit der »ordinären Bildschnitzerei«, d. h. mit Anfertigung
von Heiligen- und Krippenfiguren, Christuskörpern und
dergleichen in einfachster Ausführung. Sie beschäftigt den
ganzen Winter hindurch und überdies zu jeder Zeit, welche

die sehr beschränkte Landwirthschaft übrig lässt, die weitaus überwiegende Mehrzahl der Hausindustriellen.

Die zweite, durch hervorragend veranlagte Bildschnitzer angebahnte Richtung bethätigt sich seit circa 50 Jahren intensiver mit der kirchlichen, figuralen Bildhauerei in künstlerischer Darstellung, seit dem letzten Decennium aber auch mit kirchlicher Ornamentik und Schreinerei.

Bei den Spielwaarenerzeugern gleicht jede Familienstube so ziemlich einer Werkstätte, wo von Männern, Weibern und Kindern mit den denkbar einfachsten Werkzeugen die circa 500 verschiedenartige Muster umfassenden Objecte geschnitzt und zum Theile auch mit Leimfarben bemalt werden.

Nachdem in der Regel jede Familie nur eine Art von Figuren verfertigt, ist die Geschicklichkeit der Arbeiter eine derart erstaunliche, dass nur sie es erklärlich macht, wie diese Hausindustrie noch immer den Markt zu behaupten vermag und die Arbeiter noch immer einen Tagesverdienst von durchschnittlich 50 kr. finden können.

Die Bildhauer, deren Hauptsitz St. Ulrich bildet, wo überhaupt auch der grösste Theil der kaufmännischen Unternehmungen etablirt ist, besitzen schon seit Anfang der Siebzigerjahre eigene, vollständig ausgerüstete Ateliers, in welchen Arbeiter beschäftigt sind, die je nach der Geschicklichkeit von 1 bis 4 fl. täglich verdienen. Die mitunter wirklich künstlerisch durchgeführten Erzeugnisse dieser Ateliers werden zumeist von eigenen »Fassmalern« sehr sorgfältig mit Oelfarbe bemalt und staffirt und auch diese Letzteren verdienen von fl. 1·50 bis 2·50 pro Tag und pro Person.

Ausser den schon erwähnten bei der Spielwaaren-Industrie meist sehr primitiven Schnitzwerkzeugen kommen bei den Verfertigern der Puppenköpfe auch mit Wasserkraft getriebene Drehbänke zur Verwendung.

Für die Spielwaaren-Industrie wird fast ausschliesslich den Privat- und Gemeindewaldungen entnommenes und aus dem Brennholze ausgeschiedenes Fichtenholz benützt.

Für die feinen Bildhauerarbeiten kommt jedoch nur Zirbelholz in Verwendung, welches meistentheils aus den Privatwaldungen der Nachbargemeinden, in einigen Fällen aus den ärarischen Forsten von Villnöss und seit einigen Jahren, in kleineren Quantitäten, auch aus dem Gemeindewalde von St. Ulrich bezogen wird.

Einige Bildhauer beziehen aber auch Zirbelstämme aus entfernteren Landestheilen, so insbesondere aus dem Vintschgau, aus der Umgebung von Sterzing u. s. w.

Das Fichtenholz, welches bei der kirchlichen Schreinerei sowie für die Versandtkisten zur Verwendung kommt, wird gleichfalls den Wäldern der deutschen Nachbargemeinden entnommen, aber auch aus Bayern und Kärnten bezogen.

Der Handelswerth der erzeugten Objecte lässt sich wohl nicht genau feststellen, dürfte aber für den ganzen Bereich der Industrie mit circa 300.000 bis 400.000 fl. anzuschlagen sein.

Der Vertrieb der Spielwaaren, der ordinären und theilweise auch der besseren Bildhauerarbeiten wird ausschliesslich durch Verleger besorgt, welche das wöchentliche Erzeugniss entweder von Fall zu Fall, oder gegen Bestellung, oder auch auf Grund von Lieferungsverträgen aufkaufen, in sehr bedeutenden Niederlagen aufspeichern und zum Versandt fertigstellen lassen.

Die Spielwaaren werden zum grössten Theile in's Ausland — auch in überseeische Länder — exportirt, aber auch von den Bildhauerarbeiten gelangt ein ziemlich bedeutendes Quantum in's Ausland, und verkaufen die grösseren Ateliers, mit Ausschluss des Zwischenhandels, gewöhnlich schon direct.

Nachdem die Berichte der Forstämter über den derzeitigen Stand jener Wälder, aus denen die Grödner Industrie ihr Holz bezieht, nicht rechtzeitig eingetroffen sind, kann die Frage, inwieweit und auf wie lange der Holzvorrath noch ausreichend sei, dieser Hausindustrie zu dienen, nicht erschöpfend beantwortet werden. So viel lässt sich aber dennoch mit Gewissheit sagen, dass bei auch nur einiger ökonomischer Gebahrung für eine ziemliche Reihe von Jahren noch umsomehr Materiale zur Genüge vorhanden ist, als bei den grossen ausländischen Eingangszöllen und den der Spielwaaren-Industrie nicht eben günstigen Handelsverträgen diese Hausindustrie nothwendigerweise von Tag zu Tag an Boden verlieren muss. Neben einem tüchtigen, fachlichen Unterrichte, insbesondere auf dem Gebiete des Zeichnens und Modellirens, wäre für eine kräftige Unterstützung dieser Hausindustrie auch die Ermöglichung des Bezuges von Schnitzholz aus den ärarischen Forsten in geringen Quantitäten (wie dies z. B. in den Jahren 1830—1860 der Fall war) und nicht nur in grossen Partien, wie es jetzt üblich ist, sehr wünschenswerth.

Der kleine Schnitzer käme dadurch in die Lage, sich sein Holz billiger beschaffen zu können als bisher, und würde damit vielleicht auch den von unserem Fassaer Gewährsmanne so drastisch geschilderten Uebelständen gesteuert werden können. Die allerdings complicirtere Verrechnung würde ja durch die im Detailverkaufe gewiss höheren Preise paralysirt werden können und sollte überhaupt nicht in Betracht kommen, wo es sich um die Existenz so vieler Familien handelt und wo eine Erscheinung von so hoher wirthschaftlicher Wichtigkeit, wie es die Hausindustrie ist, in Frage steht.

Hiemit wären die in Tirol noch bestehenden, bedeutenderen Hausindustrien aufgezählt und ihren wichtigsten Merkmalen nach beschrieben.

Auf eine nähere Erörterung ihrer wirthschaftlichen, ethischen und culturgeschichtlichen Bedeutung einzugehen, mangelt es hier an Raum, und verweisen wir deshalb auf die erschöpfenden Darlegungen berufener Männer. Es genüge zu erwähnen, dass die Hausindustrie als gesellschaftliche Erscheinung der Theilnahme jedes Gebildeten und jedes Gewerbetreibenden werth ist, sowie dem Unternehmungsgeiste Gelegenheit bietet, wohlthätig zu wirken, aber auch reichen, materiellen Lohn zu ernten.

Hans Kornauth.

BÖHMEN.

I. Böhmerwald.

Gerne habe ich der freundlichen Aufforderung, einen kurzen Bericht über die Hausindustrie und die verwandten Erwerbsverhältnisse des Böhmerwald-Gebietes für die Wiener landwirthschaftliche Ausstellung 1890 zu schreiben, Folge geleistet. Handelt es sich doch darum, die allgemeine Aufmerksamkeit neuerdings auf einen Gebietstheil Oesterreichs zu lenken, der trotz aller eifrigen Bemühungen in den letzten Jahren noch zu wenig die besondere Beachtung von Unternehmern auf sich gelenkt hat.

Das Gebiet, über welches Bericht erstattet werden soll, umfasst den vorwiegend und ausschliesslich deutschen Theil Südböhmens (circa 6000 Quadratkilometer). Dieser Theil erstreckt sich von Neu-Bistritz bis Neuern, von dem Gebiete des Nežarkaflusses bis zum Gebiete der Angel, beide Gewässer, die der Moldau, dem Hauptflusse des Böhmerwaldes zugehören.

Die Bodenbeschaffenheit dieses Gebietes ist gebirgig (Beispiele der Höhen der Orte: Budweis 392 Meter, Krummau 509 Meter, Winterberg 716 Meter, Eisenstein 774 Meter, Buchwald 1162 Meter; Beispiele der Höhen der Berge:

Scheninger 1084 Meter, Blöckenstein 1262 Meter, Arber 1458 Meter) und weist von Natur aus auf die Ausnützung durch Forstcultur hin. Der Waldreichthum des Böhmerwald-Gebirges ist sprichwörtlich geworden. Der grösste Waldcomplex ist Besitz des Fürsten Schwarzenberg (167.000 Joch).

So bekannt das Vorstehende ist, so schwierig ist es, über den thatsächlichen Zustand der Industrie und des Gewerbes im Allgemeinen und insbesondere über die Hausindustrie im Kurzen Aufschluss zu geben.

So wie die Natur auf die Ausnützung des Bodens, vorwiegend auf die Forstcultur hinweist, so waren auch der Holzreichthum und mitunter auch die reichen Torflager des Böhmerwald-Gebietes seit Jahren die Hauptgrundlage für die erstehenden Unternehmungen.

Die **Glasindustrie** ist seit Jahrzehnten im Böhmerwald-Gebiete heimisch. Wenn auch die Glasarbeiter als eine internationale Bevölkerungsschichte, die sich an keine Scholle bindet, betrachtet werden kann, so lässt sich diese bedeutende Industrie des Böhmerwaldes an dieser Stelle doch nicht mit Stillschweigen übergehen. Sie muss vielmehr schon aus der Ursache beachtet werden, weil ein grosser Theil der Bevölkerung direct oder indirect bei dieser Industrie Erwerb findet. Im Böhmerwald-Gebiete finden sich viele Stätten, auf welchen Glashütten bestanden, und welche dann, als der Holzreichthum an Ort und Stelle sich verminderte, aufgelassen wurden.

Heute sind noch in Georgenthal, Glöckelberg, Sonnenwald, Josefsthal, Ernstbrunn, Eleonorenhain, Winterberg (Adolf), Unterreichenstein (Klostermühle), Annathal, Eisenstein, Elisenthal und dann andere kleinere Glasfabriken im Betriebe.

Manche dieser Glasfabriken erzeugen Gegenstände,

welche (Pilsener Kammerbezirk, Werth: Hohlglas roh und raffinirt fl. 1,028.000, Tafelglas roh und raffinirt fl. 2,534.000; Budweiser Kammerbezirk, Werth: Hohlglas roh und raffinirt fl. 384.000, Tafelglas fl. 141.000; Verbrauch: 41.000 Meter Holz, 6000 Metercentner Kohle, 15,000.000 Torfziegeln, 15.000 Metercentner Torf) einen Weltruf besitzen. Die Erzeugnisse der Mayer'schen Glasfabriken in Eleonorenhain und Adolf bei Winterberg bildeten stets eine Zierde der Ausstellungs-Collectionen der Firma Lobmeyr.

Die Kunstproducte der Firma Lötz Witwe in Klostermühle wurden erst bei den letzten grossen Weltausstellungen neuerdings rühmlichst gewürdigt.

Viele der Arbeiten für die künstlerische Ausgestaltung der Glasproducte werden von den Arbeitern in ihren Wohnungen als Hausindustrie verrichtet. Glasmaler, Glasschleifer sind in der Nähe der genannten Fabriken angesiedelt, und es könnte sich wohl eine noch grössere Zahl derselben im Böhmerwalde niederlassen, denn viele Arbeiten werden aus Mangel an genügenden heimischen Arbeitskräften ausserhalb des Gebietes hergestellt.

Die Herstellung von Glasmalereien ist im erfreulichen Aufschwung begriffen (Eleonorenhain, Obermoldau).

Eine Art ordinärster Herstellungsweise von **Heiligenbildern** ist in der Bergreichensteiner Gegend heimisch, und werden die Producte durch Hausirer in den Handel gebracht.

Einrichtungen, wie sie in Thüringen durch genossenschaftliche Vereinigung der Glasarbeiter anzutreffen sind, kennt man im Böhmerwalde nicht.

Die Glasindustrie sowie die Erzeugung der Holzwaare sind mit ihren Holzbezügen auf die grossen Besitzungen des Fürsten Schwarzenberg, des Grafen Thun-Hohenstein, des Stiftes Hohenfurt, theilweise auf die bayrischen Staatswaldungen und die Wälder des Fürsten Hohenzollern und der Städte Wallern und Bergreichenstein angewiesen.

Leider ist in Folge der lange vernachlässigten Bahnbauten im Böhmerwalde der Holzreichthum dieses Gebietes nicht in der Weise ausgenützt worden, wie es wünschenswerth gewesen wäre.

Das Holz wurde und wird noch im rohen Zustande auf der Moldau oder anderen Flüssen des Böhmerwaldes theils geschwemmt (Fürst Schwarzenberg erbaute 1789 im Oberplaner Bezirk einen bis heute benützten 27.000 Klafter [nahezu 7 Meilen] langen Holzschwemm-Canal, der das Moldaugebiet mit dem Gebiete der Donau verbindet), theils verflösst.

Es ist selbst für die rohen Holzerzeugnisse, wie Bretter, Pfosten und Latten, keine genügend billige Verfrachtungsgelegenheit, es ist demnach auch keine Gelegenheit, eine Verarbeitung des Holzreichthums an Ort und Stelle zu fördern.

Erst durch die grosse Borkenkäfer-Calamität zu Beginn der Siebzigerjahre wurde mit allen Mitteln dahin getrachtet, das durch die Windbrüche zu Fall gebrachte Holz raschest an Ort und Stelle zu verarbeiten.

In diesen Jahren entstanden an vielen Orten kleine und grössere Sägen. Um jene Zeit war für die Böhmerwald-Bewohner, sowie für viele Eingewanderte (leider nur vorübergehend) reichliche Arbeitsgelegenheit.

Diese Borkenkäfer-Calamität ist in ihren Folgen noch bis heute fühlbar.

Einzelne Theile des Gebietes wurden des schönsten Waldbestandes beraubt und bieten heute ein trostloses Bild. Die Bevölkerung, welche theilweise aus jenen Jahren hier sesshaft geworden, leidet jetzt an Arbeitsmangel und verfällt jährlich in eine Periode der Noth.

Während des Sommers findet sich Feldarbeit, in den schneereichen Wintermonaten Arbeit im Walde, doch in der Uebergangszeit, besonders im Frühjahre, wenn die Nahrungs-vorräthe zu Ende gehen, wird stets von Krankheiten als Folge dieser Umstände berichtet.

Von Zeit zu Zeit tritt Hungersnoth ein. Die letzte der-artige traurige Lage brach zu Beginn 1889 über die armen Bewohner herein. Eine Hilfsaction des Deutschen Böhmer-wald-Bundes ergab 38.000 fl.

Die Holzarbeiter obliegen nebst ihrer hausindustriellen Beschäftigung stets auch landwirthschaftlicher Thätigkeit. Im ganzen Böhmerwald-Gebiete ist es üblich, dass neben dem Gewerbe auch Landwirthschaft betrieben wird.

Ostwärts von der Moldau ist im Berichtsgebiete die **Holzindustrie** auf die gräflich Bouquoi'schen Wälder ange-wiesen und wird von Strobnitz und Brünnl ein schwunghafter Schnittholzhandel betrieben. In Strobnitz werden auch Holz-schaufeln erzeugt.

Westwärts der Moldau gegen ihren Ursprung zu, immer in grösserem Masse, ist die hausindustrielle Herstellung von Holzwaaren eingebürgert.

In Aigen, Johannisthal, Miesau, Salnau, Spitzenberg, Sablat, Rohn, Oberhaid, Brenntenberg, Oberschneedorf, Hüblern, Pumperle, Wolfsgrub, Winterberg, Klösterle, Elend-bachl, Obermoldau, Kaltenbach, Ferchenhaid, Mehregarten, Aussergefild, Fürstenhut, Buchwald, Kuschwarda, Unter-zassau, Adlerhütte, Bergreichenstein, Unterreichenstein, Stadln, Schätzenwald, Grosshaid, Grünbergerhof, Grünberger-hütte, Stubenbach und an noch anderen Orten finden sich überall Hausindustrie-Stätten für die Holzwaarenerzeugung.

Besonders in der Gegend von Obermoldau ist die Her-stellung des Resonanz-, Geigen- und Clavierholzes

(Buchwald berichtet: Resonanzholz ein Bund, das ist 20 Stück, 4—5 fl., Geigenholz 1 Scheib fl. 1.80), des Zündholzdrahtes (Sablat berichtet: Dieser wird in »Büscheln«, die wieder in »Ballen« gebunden werden, verrechnet. Ein Büschel enthält soviel »Drähte«, als man mit einer Hand umfassen kann. 50 solche Büscheln machen einen Ballen aus. Ein Arbeiter kann täglich etwa 30 solche Büscheln erzeugen. Berechnet werden diese Drähte folgendermassen: Denkt man sich von einem ganzen »Ballen« eine Zündholzlänge abgeschnitten, so heisst diese Länge die »Scheibenlänge« und wird mit circa 13 kr. bezahlt, wenn der Arbeiter das Holz selber dazu gibt. Gibt der Lieferant das Holz, so wird die Arbeit allein per Scheibenlänge mit etwa 7 kr. bezahlt. Der Verdienst ist also folgender: Ein Arbeiter macht täglich 30 Büscheln zu durchschnittlich 13 »Scheibenlängen«, sind in einer Woche 180 Büscheln oder 3·6 Ballen, somit 46 Scheibenlängen à 7 kr. gleich 3 fl. 27 $\frac{1}{2}$ kr. per Woche. Früher waren die Verdienste besser), des Rippen- und Rouleauxdrahtes, von Leisten, Schusterspänen, Siebrändern, Bürstenhölzern, Holzschuhen (Johannisthal berichtet: Per Tag 6 bis 7 Paar, per Paar 20 bis 25 kr., das Rohmaterial abgerechnet per Tag 50 bis 60 kr.), Schaufeln, Kistchen für Canditen, Holzbüchsen (Grünbergerhof berichtet: »In Menge werden per Tag 100 Holzbüchsen per Mann berechnet. Die Preise erzielen die Erzeugnisse $\frac{1}{2}$ kr. per Stück. Der Verdienst per Mann 50 kr., hievon 15 kr. ab auf Material. Frauen und Kinder verdienen nichts), der Dachschindeln, Holzpfeifen u. s. w. heimisch.

Fast in jedem Hause wird einer oder der andere der genannten Artikel hergestellt. Freilich ist die Herstellung wenig lohnend, da die Kosten der Verfrachtung bis zu den Bahnstationen oft wieder den ganzen Arbeitslohn verschlingen;

es wurde mir auch mitgetheilt, dass an einigen Orten zu Zeiten nicht einmal der Holzwerth gelöst wird, während wieder andere Orte, wie Johannisthal u. s. w., wegen günstiger Verbindungen für diese Holzwaare doch immerhin bessere Preise erzielen.

Die Resonanzholz-Erzeugnisse sind durch die Förderer der Böhmerwald-Industrie Bienert und Reif (Kuschwarda) in der ganzen Welt rühmlichst bekannt.

Allerdings sind derartige Baumriesen, wie sie seinerzeit in den Forsten des Böhmerwaldes heimisch waren und Musterstücke solcher Exemplare, wie sie im Forstmuseum in Frauenberg zu sehen sind, heute selten geworden, doch ist dieser Zweig des Erwerbes noch immer beachtenswerth.

Die Erzeugung der Holzleisten kommt aus dem Grunde mehr in Aufnahme, weil die Goldleistenfabriken in Krummau (2) und Budweis (2) eine rege Exportthätigkeit entwickeln.

Eine Vervollkommnung der Holzerzeugnisse von der Stufe der früher aufgezählten Producte bis zur Herstellung von Möbeln, Bildschnitzarbeiten u. s. w. ist erst wieder seit dem Beginne der Siebzigerjahre zu verzeichnen.

Im Jahre 1873 wurde auf Anregung des Herrn Hofrathes Wilhelm Exner in Wallern eine Holzindustrie-Fachschule vom Staate errichtet. 1877 wurde eine gleiche Anstalt auf Grund der Anregung desselben Herrn in Bergreichenstein eingerichtet.

Beide Fachschulen erfreuen sich dank der ihnen von ihren Begründern weiter zugewendeten steten Sorgfalt eines stets steigenden Schülerzuzuges. Die Wirksamkeit der Schulen ist eine vortreffliche, und es hat sich besonders in Wallern und Bergreichenstein eine ausserordentlich ausgebreitete Hausindustrie-Thätigkeit herausgestaltet.

In Wallern (3400 Einwohner) sind Tischler (10 Meister und 21 Hilfsarbeiter), Drechsler (7 Meister und 13 Hilfsarbeiter), Holzschnitzer (18 Meister), Zimmerleute (2 Meister), Wagner (5 Meister und 1 Hilfsarbeiter), Böttcher (4 Meister), Holzschuhmacher (5 Meister), Antikleistenerzeuger (1 Meister und 2 Hilfsarbeiter), Erzeuger landwirthschaftlicher Geräthe (2 Meister), Erzeuger von Holzreifen (2 Meister), Erzeuger von Fensterrollläden (1 Meister), Erzeuger von Holzkisten (1 Meister).

Die Erzeugnisse der Wallerner Holzindustrie sind bereits in der ganzen Monarchie bekannt, und ein weiterer Aufschwung ist umsomehr zu erwarten, als günstige Verfrachtungswege der Vollendung entgegenschreiten.

Die Bergreichensteiner Hausindustrie ist durch die Fachschule sehr gefördert worden, und wird ein schwunghafter Export in Möbeln, Tassen, Kinderwagenrädern, Zündholzschachteln u. s. w. betrieben.

Fürst Schwarzenberg hat auch eine Werkstätte für Erzeugung von Möbeln und Holzschnitzereien in Stubenbach errichtet, dieselbe ist jedoch nach dem Tode des Werkstättenleiters Baumann eingegangen.

Sonst finden sich einzelne Bildschnitzer in Obermoldau, Prachatitz, Ferchenhaid u. s. w.

Leidet schon der Böhmerwäldler durch den Mangel an modernen Verbindungswegen, so ist ihm noch ein zweites Hinderniss des Gewerbefleisses in den hohen Zöllen Deutschlands auf Holzwaaren erstanden. Die Erzeugung von Holzdraht ist sehr zurückgegangen und fast nur auf die allerdings zahlreichen Zündholzfabriken in Südböhmen beschränkt.

Die Verwerthung des Holzes des Böhmerwaldes durch die grossen Industrieunternehmungen zur Herstellung von

Holzpapier ist erst seit der neueren Zeit durch die Firmen: Ignaz Spiro & Söhne in Krummau, Moldaumühle (Porak) bei Hohenfurt, Greifenhagen in Schröbersdorf, Eckert in Stubenbach eingetreten.

Eine neue Verwerthung hat das Holz auch durch die Holzwolle-Erzeugungsstätten, welche bei den Glasfabriken und nun neuerdings in Deutsch-Beneschau bestehen, erhalten.

Die Herstellung von Geflechten aus Holzspänen zu Schwingen und dergleichen ist als Hausindustrie und Erwerbszweig im Böhmerwalde nicht sehr eingeführt.

Die Verwendung der Weidenruthen zu Flechtarbeiten hat der Deutsche Böhmerwald-Bund durch Errichtung einer Korbflechterei in Oberplan gefördert. Es mussten jedoch einestheils ausreichende Weidenpflanzungen geschaffen, anderntheils Personen mit der Herstellungsweise der Korbflechtwaaren vertraut gemacht werden. Es sind nun einige Familien in der Gegend von Oberplan, Prachatitz und Innergefild mit der Herstellung dieser Arbeiten beschäftigt.

In Adolfsthal wurde in den Räumen der seit Jahren eingegangenen Eisenhütte eine Fabrik zur Herstellung von Möbeln aus gebogenem Holz errichtet. Der Betrieb war ein lohnender, und wurden die Erzeugnisse auch nach überseeischen Gebieten exportirt, der Unternehmer musste jedoch aus privaten Gründen die Fabrik auflassen. Es wäre wünschenswerth, wenn sich neuerlich ein Unternehmer dieser Fabrication annehmen würde.

Die Abfallstoffe (Rinden) der Forste werden in den Lohgerbereien, deren es im Prachatitzer Steuerbezirk allein heute noch zehn gibt, verwendet.

In früheren Jahren war dieses Gewerbe allgemein in allen Städten des Böhmerwaldes stark vertreten und wurde mit den Erzeugnissen ein lohnender Handel betrieben.

In Salnau bei Oberplan wird die Herstellung von S t r o h -
gc flechten für Bienenstöcke betrieben.

Eine andere Hausindustrie, die seit altersher im ganzen
Böhmerwalde bis heutigen Tages heimisch ist, ist die **Flachs-
spinnerei und Weberei.** Heute wird noch in allen Bezirken
für den eigenen Hausbedarf gesponnen. Die Hebung der
Flachscultur im Böhmerwalde ist eine unabweisliche Nothwendigkeit. Es wird nun, nachdem endlich eine Bahnverbindung (Budweis, Krummau - Salnau) hergestellt wird, eine
Förderung durch die Errichtung von Flachsbauanstalten,
von Flachsröstanstalten etc. etwas vom Staate aus geschehen
müssen.

Sowie der Sitz der Holzindustrie mehr im westlichen
Theile des Gebietes ist, so ist die Weberei im östlichen
Theile des Gebietes bedeutender. In früherer Zeit war diese
Hausindustrie hier wie auch in anderen Gebieten Europas
sehr verbreitet. In Neubistritz ist die **Baumwoll-Webwaaren-**
Herstellung zwar auch fabriksmässig, doch sind in dieser
Gegend den Winter über 1800 Weber, im Sommer 800 Weber
ausser den Kindern und Frauen, die meistens zum Spulen
verwendet werden, in Arbeit. Leider ist der Verdienst der
Weber ein kärglicher, und diesem Umstande ist es wohl zu-
zuschreiben, dass in dem ganzen Districte der Branntwein-
genuss ein ziemlich ausgebreiteter ist. Die zwölf Webewaaren-
Fabriken in Neubistritz sind bestrebt, ihren Producten stets
neuen Absatz zu schaffen, zu welchem Zwecke im vorigen
Jahre eine Appretur-Anstalt errichtet wurde.

Die N e u b i s t r i t z e r vom Staate errichtete W e b e r e i -
Fachschule ist von ausserordentlich wohlthätiger Wirkung,
da dieselbe auf die Bildung und Verfeinerung des Geschmackes,
welche bei diesem Industriezweige von grösster Bedeutung
ist, sehr förderlich Einfluss nimmt.

In dem Nachbarorte Altstadt ist ebenfalls die Hausweberei heimisch.

Auch diesem Bezirke mangelt eine Bahnverbindung.

Im Bezirke Neuhaus, namentlich in den Orten Baumgarten, Riegerschlag, Tieberschlag, Kunas und Hosterschlag wird die **Leinenweberei** als Hausindustrie betrieben.

Im südlichsten Theile des Böhmerwaldes, in Aigen und Friedberg ist die Leinenweberei, obzwar dieselbe, wie nach den Berichten zu ersehen ist, um 70 Percent gegen frühere Jahrzehnte zurückgegangen ist, doch noch bedeutend.

Die Erzeugnisse dieser Gegend wurden früher besonders nach Italien ausgeführt.

Die Leinenweberei als Hausindustrie ist ferner erwähnenswerth in den Orten Wallern, Sablat (18 Weber) sowie auch in der Winterberger Gegend.

Die Herstellung von **Wirkwaaren** wird besonders im Prachatitzer Bezirke (auch in dem von Czechen bewohnten Hussinetz) als Hausindustrie eifrig betrieben.

Die Lage des Wirkers ist, wie auch aus den Berichten des Gewerbe-Inspectors hervorgeht, eine sehr traurige, da durch die Einführung der Strickmaschinen der dortigen Hausindustrie der Boden für die gedeihliche Weiterentwicklung entzogen wurde.

Es wird immer noch, aber mit kargem Verdienste gearbeitet. Das Bestreben muss dahin gerichtet werden, den beschäftigungslosen Wirkern durch Zuweisung von Strickmaschinen eine erträgliche Existenz zu schaffen, wie dies in einzelnen Fällen der Deutsche Böhmerwald-Bund gethan.

Die Verhältnisse wären für den Sitz einer solchen Hausindustrie im Böhmerwalde nicht ungünstiger wie im sächsischen Voigtlande, dessen Bewohner in bedeutendem Masse den Markt mit ihren Erzeugnissen versorgen.

Es wurde auch in Prachatitz von einer Wiener Firma durch Errichtung einer Posamentierfabrik wieder einem Theile der arbeitslosen Bevölkerung Erwerb geschaffen.

Nicht unerwähnt können wir eine Beschäftigung lassen, deren Ausübung besonders in der Gegend von Gratzen gepflegt wird und die umso beklagenswerther ist, als zu derselben schulpflichtige Kinder herangezogen werden.

In Strobnitz, Brünnl, Heilbrunn u. s. w. werden allgemein **Zwirnknöpfe** genäht. Die Arbeit ist für die ganze Körperentwicklung nachtheilig und wirkt namentlich auf das Sehvermögen schädlich ein, umsomehr als zu jeder Jahreszeit vom frühen Morgen bis zum späten Abend bei schlechter Beleuchtung in hockender Körperhaltung gearbeitet wird. Für diese Gegend wäre die Einführung einer anderen lohnenden Beschäftigung dringend nothwendig, und es wäre zu wünschen, dass sich Unternehmer finden, welche die zur Verfügung stehenden Arbeitskräfte anderweitig verwenden würden.

Die **Spitzenklöppelei** ist im Böhmerwalde in mehreren Orten, so in Rudolfstadt bei Budweis, Neuern, Ronsberg und Tannova heimisch. Auch in diesem Zweige häuslichen Gewerbes ist überall ein bedeutender Rückgang zu verzeichnen, da ja auch hier die billigere Maschinenarbeit den Absatz mühsamer Handarbeit unmöglich macht.

Während z. B. in dem obgenannten Rudolfstadt früher fast in jeder Familie geklöppelt wurde, ist jetzt die Zahl der Spitzenerzeuger eine geringe geworden.

In Neuern wurde auf Veranlassung des Deutschen Böhmerwald-Bundes ein Unterrichtscurs für Spitzenklöppelei abgehalten.

Sehr erfreulich wäre es, wenn die grossen Modewaarenhandlungen der Hauptstädte durch Bestellungen (mit Vorlage von Mustern) den Bewohnern Unterstützung angedeihen lassen würden.

Der Absatz der Erzeugnisse erfolgt auch hier wie bei manchen anderen Producten der Wäldler durch Hausirer, da sich keine grossen Firmen der Leute annehmen.

Eine andere Hausindustrie, die es verdient angeführt zu werden, ist die Erzeugung von **Stahlwaaren**.

Besonders in dem schon früher genannten Rudolfstadt waren früher viele Hände mit der Verfertigung von Messer-bestandtheilen beschäftigt. Durch die ärarischen Zeug-schmieden in Budweis und Rudolfstadt wurde dieser Industriezweig, der ebenfalls früher allgemein verbreitet war, gefördert.

Noch erwähnenswerth ist das in den meisten Städten und Dörfern des Böhmerwaldes ausgeübte **Steinmetzge-werbe**. Einige dieser Steinmetzarbeiter liefern über den localen Bedarf hinaus Grab- und Gedenksteine. Besonders in Budweis, Krummau, Höritz und Wallern sind bei diesem Gewerbe eine grössere Zahl von Arbeitern beschäftigt.

In Winterberg sind bei der grossartig angelegten Gebetbuchfabrik (Steinbrenner) viele Personen in und ausserhalb der Fabrik mit Elfenbein-Schnitzarbeiten, Bronze-waaren-Erzeugung und Buchbinderei beschäftigt.

Besonders die Elfenbein-Schnitzerei ist in Winterberg bedeutend geworden, und es erweist sich neuerlich, dass durch die Einführung grösserer Industriezweige der Be-völkerung nicht nur fabriksmässige Beschäftigung, sondern auch hausindustrielle Thätigkeit erschlossen werden kann.

Früherer Zeit bestanden auch im südlichen Böhmen Gewerbsunternehmungen, die ähnlich wie die hausindustrielle Beschäftigung der Bevölkerung geeignet waren, eine aus-gesprochene charakteristische Lebensführung zu geben.

So war in Budweis und in Krummau die Tuch-
macherei heimisch, heute ist nur noch in letzterer Stadt die
Erzeugung mit fabriksmässigem Betrieb sesshaft.

Eine eigenartige Industrie besitzt das südliche Böhmen
in dem tschechischen Theile des Gebietes, in Strakonitz.
Dortselbst wurde seit Jahrzehnten die Fezfabrication nicht
nur als grossartiges Fabriksgewerbe (Fürth), sondern auch
in kleinerem Massstabe von Gewerbsleuten betrieben.

Die Nagelschmiede sind heute noch in vielen Orten,
obzwar ebenfalls durch die in diesem Industriezweig eingeführte Maschinenarbeit stark verdrängt, thätig. In Budweis besteht eine gross angelegte Nagelfabrik Bullaty &
Blasskopf.

Auch die Feilenhauerei wurde früherer Zeit in vielen
Orten betrieben. Es war auch zur Herstellung der Feilen
durch die grossen ärarischen Zeugschmieden (in Budweis
und Rudolfstadt) Anstoss gegeben. Heute leidet auch dieses
Gewerbe hierzulande an dem Mangel ausreichender Capitals-
kraft.

In allen Orten Südböhmens finden wir Töpfermeister
thätig, die allerdings meist nur für den geringen Verbrauch
des eigenen Bezirkes arbeiten.

Einige Orte weisen jedoch eine grössere Zahl von Töpfern
aus, welche auch ausserhalb des eigenen Bezirkes Absatz
suchen. So besuchen die Kaplitzer Töpfer seit vielen Jahrzehnten die oberösterreichischen Jahrmärkte, und das dünne,
billige Geschirr findet in Oberösterreich viele Käufer.

In Budweis sind mehrere Töpfer thätig. Ausserdem bestehen dortselbst zwei Thonofenfabriken (L. & C. Hardtmuth
und Brüder Sattler). Die ältere und grossartige Fabrik von
L. & C. Hardtmuth hat besonders in den Balkanstaaten grossen
Absatz. Eine Filialfabrik wird in Budapest errichtet werden.

Niederlagen dieser Fabrik sind in allen Provinz-Hauptstädten Oesterreichs und in den Hauptstädten des Auslandes errichtet.

Im Oberplaner Bezirke ist ein Grosstheil der Bevölkerung beim Graphitbaue beschäftigt.

Die Graphitgewerkschaft von Schwarzbach und Mugrau, sowie auch die einzelnen bergmännischen Graphitbauten um Höritz liefern grosse Mengen Graphit, welche zu Wagen in Fässern bis Budweis gebracht und von hier theils mit der Bahn, theils auf der Moldau in alle Gebiete verfrachtet werden.

Dieser Graphit ist nicht nur in Deutschland in allen Giessereien, so besonders bei Krupp, in Verwendung, sondern er wird auch ebenso von den englischen Eisenwerken bezogen. Der grosse Reichthum an Graphit im südlichen Böhmen gab Veranlassung zur Errichtung der Budweiser Bleistiftfabrik von L. & C. Hardtmuth. Diese Fabrik ist die einzige in Oesterreich und verschafft auch einer grossen Zahl von Personen ausserhalb der Fabriksräume Lebensunterhalt.

Im Vorstehenden habe ich mich bestrebt, einen kurzen Ueberblick über alle jene mannigfachen Gewerbe und Industrien des südlichen Böhmens, besonders des Böhmerwaldes, zu geben, welche einem grossen Theil der Bevölkerung, insbesondere durch die Beschäftigung im Hause, Erwerb verschaffen.

Es sei mir nun gestattet, den einzelnen Darstellungen einige allgemeine Folgerungen und ergänzende Darlegungen anzufügen.

Die Bevölkerungsdichtigkeit ist keine so grosse wie im nördlichen Böhmen, es sind aber auch die Erwerbsbedingungen der Bevölkerung sehr ungünstig. Aus allen Bezirken wird gemeldet, dass jährlich Auswanderungen stattfinden. Es werden sowohl aus dem Neuhauser und Neu-Bistritzer Bezirke, sowie aus dem Gratzner, Krummauer, Oberplaner,

Prachatitzer, Winterberger Bezirke Auswanderungen nach Amerika gemeldet.

Aus einzelnen Orten findet ein grosser Abzug der Bevölkerung nach Ober- und Niederösterreich statt. So besonders aus dem Oberplaner und Bergreichensteiner Bezirke, aus welch' letzterem so bedeutend, dass sich in Wien ein eigener Verein der Bergreichensteiner, welcher von Zeit zu Zeit gemeinsame Besuche der Heimatsstadt veranstaltet, gebildet hat.

Aus einzelnen Bezirken wandert besonders die männliche Bevölkerung über den Sommer nach Ober- und Niederösterreich, sowie nach Bayern aus, um dortselbst lohnendere Arbeit zu finden; den Winter verbringen die Männer wieder bei ihren Familien, welche sich in der Heimat den Sommer über mit landwirthschaftlicher Beschäftigung den Lebensunterhalt verschaffen.

Aus Kuschwarda finden Auswanderungen in die Kleinmünchener Spinnfabrik statt.

Aus Brenntenberg bei Wallern sind besonders in den Jahren 1886 bis 1889 über 50 Personen nach Steyr ausgewandert.

Einzelne tüchtige Holzschnitzer verlassen theils auf einige Jahre, theils auf immer ihre Heimat. So sind aus Wallern Holzschnitzer nach München und Wien übersiedelt.

Diese Auswanderungen sind besonders seit Beendigung der Arbeiten zur Bekämpfung der Borkenkäfer-Calamität bedeutender geworden.

So bescheiden die Lebensansprüche der Böhmerwald-Bewohner sind, ist es ihnen dennoch nicht möglich, das Auskommen zu finden. Denn durch den oft erwähnten Mangel an Bahnverbindungen ist an einen regen Absatz der Erzeugnisse nach weiterentlegenen Gebieten nicht zu denken.

Die Landwirthschaft ist ebenfalls nicht lohnend, da ja der grösste Theil des Grundeigenthums dem Fürsten Schwarzenberg gehört und der Grosstheil der Bevölkerung auf Pachtgründe angewiesen ist.

Im Jahre 1885 brachten die »Mittheilungen des Deutschen Böhmerwald-Bundes« eine Bergreichensteiner Zuschrift, der ich folgende Stellen entnehme:

»Es treibt insbesondere der Inwohner manche gewerbliche Thätigkeit in seinen freien Stunden. Ein ehemals sehr schwunghaft betriebener Erwerbszweig war das Hobeln des langen Zündholzdrahtes, das beinahe Jedermann in der ganzen Gegend verstand und ausübte; das hat grösstentheils aufgehört, nachdem die Baumriesen, die das Material in genügend langem, astlosem Holze boten, selten geworden und die Zündhölzer aus Holzabfällen mittelst vom Wasser getriebener Maschinenhobel erzeugt werden.«

»Noch heute werden als Hausindustrie jene unförmlichen Ungethüme, Holzschuhe genannt, mit den primitivsten Werkzeugen, einer Hacke, einem Reifmesser und einem gekrümmten Hohlmesser erzeugt; an mindestens 80 bis 100 Drehbänken, die in ebensoviel Hütten vertheilt sind, werden Holzspunde gedreht, Peitschenstiele, Holzbüchsen und dergleichen erzeugt. Seitdem sich aber einige Unternehmer gefunden, die fabriksmässig solche Waaren massenhaft produciren, haben sie den Preis derselben so gedrückt, dass die Hausindustrie daran zu Grunde gegangen ist, weil sie ihre Erzeugnisse nur bei einigen Zwischenhändlern absetzen könnte, die sie nur weit unter dem Fabrikspreise übernehmen.«

»Hieraus ist klar ersichtlich und wird durch die traurige Wirklichkeit bestätigt, dass es in unserer Gegend eine grosse Menge unbeschäftigter Hände gibt, die heute, um ihr

Leben zu fristen, mit Ausnahme der verhältnissmässig geringen Anzahl, die mit der Waldarbeit, als Holzfäller und Holzzieher, Flösser, Fuhrleute und dergleichen ihr kärgliches Auskommen findet, mit dem anbrechenden Frühling als Feldarbeiter nach Bayern und Innerösterreich ausziehen, wenn sie nicht gar dem Vaterlande den Rücken kehren und ganz auswandern.«

»Der Gewerbsmann in den hiesigen Gebirgsstädten ist grösstentheils zugleich Grundbesitzer; seine Gehilfen, insbesondere die Lehrlinge, arbeiten nicht nur in der Werkstätte, sondern, so oft es der Meister braucht, auf dem Felde und der Wiese. Nur solche Gewerbsleute, die zugleich als Fieranten die nächsten Jahrmärkte besuchen, als Männer- und Frauenschneider, Schuster, Klempner, Lebküchler, Sensen-, Sichel- und Messerschmiede, auch wohl einige Schlosser, arbeiten überhaupt mehr oder weniger ununterbrochen.«

»Einige hundert vorzugsweise in den Städten wohnende Leute sind in verschiedenen Fabriken als Taglöhner beschäftigt oder werden von den Fabriken mit Hausarbeiten versorgt; so kärglich auch der diesfällige Tag- oder Stücklohn ist, befinden sich diese Arbeiter doch im Ganzen besser als alle anderen, weil sie nicht so ganz und gar von den Zwischenhändlern abhängen.«

Es würde wohl den mir zur Verfügung gestellten Raum zu viel überschreiten, wenn ich auch die agrarischen Verhältnisse des Böhmerwaldes, so sehr diese Verhältnisse auf alle anderen Angelegenheiten einen ausschlaggebenden Einfluss haben, erörtern wollte.

Bemerkt sei nur noch, dass, so wohlthätig der grosse geschlossene Waldbesitz in klimatischer Beziehung ist, so kann doch nicht geleugnet werden, dass die Vereinigung in einer einzigen Hand nicht die volkswirthschaftlichen Vortheile bieten kann, wie sie der Bevölkerung erstehen müssten, wenn mehrere grössere Besitzer Interesse an der Hebung des Volkswohlstandes in diesem Gebiete hätten.

Im Krummauer Reviergebiete, Bezirk Krummau, Oberplan und Kalsching finden wir bei weitem weniger hausindustrielle und sonstige gewerbliche Niederlassungen, als im Prachatitzer, Wallerner, Winterberger, Bergreichensteiner und Hartmanitzer Bezirk. Der Grundbesitz ist aber insbesondere in den letztgenannten Bezirken nicht so ausschliesslich in einer Hand vereinigt und dadurch der mannigfaltigsten Anregung zum selbstständigen Schaffen der Weg gebahnt.

Aus der Thatsache, dass sich eine so vielgestaltige Thätigkeit auf dem Gebiete der Hausindustrie im Böhmerwalde trotz der widrigsten Verhältnisse erhalten konnte, kann auf ein ferneres besseres Gedeihen und Erblühen des Wohlstandes gefolgert werden.

Wenn diese Zeilen nur bestimmt waren, all' die Thätigkeiten aufzuzählen, die eine grosse Zahl von Böhmerwäldlern in den Stand setzen, ihr Leben mit Mühe in der Heimat weiter zu fristen, so haben sie dennoch gewiss auch noch eine andere Aufgabe zu erfüllen.

Diese Aufgabe erblicke ich in der Anregung, die gegeben werden soll, um im Böhmerwald-Gebiete durch die berufene Unterstützung unserer österreichischen Exporteure eine Hausindustrie zur Entfaltung zu bringen, wie sie kaum in einem zweiten Landstriche Europas zu finden sein würde.

Sobald die nun zu erbauenden Bahnen den billigen Transport und dadurch auch dem Arbeiter einen besseren Lohn ermöglichen, wird es an der Zeit sein, auf die Hausindustrie mit grösseren Geldmitteln fördernd einzuwirken.

So wohlthätig die Fachschulen, so erspriesslich der Deutsche Böhmerwald-Bund wirken, so sehr der Böhmerwäldler beiden Institutionen freundlich, ja mit ganzer Seele zugethan ist, so kann doch weder mit der einen, noch der anderen Einrichtung allein eine schnelle Entfaltung erreicht werden. So wie in Thüringen die Spielwaaren-Hausindustrie, sie mag viele Schattenseiten haben, aber doch immer wohlthätig wirkt, weil sich capitalsreiche Exporteure des Vertriebes angenommen haben, so ist auch im Böhmerwalde eine ähnliche Thätigkeit dringend nöthig.

Der Deutsche Böhmerwald-Bund hat durch Errichtung von kleinen Holzlagern, durch Beschaffung von Werkzeugen u. s. w. manchen Nutzen gestiftet, doch müssten nur noch grössere Mittel aufgewendet werden, um einen Aufschwung des Exportes zu erzielen. Möge die heurige grosse Ausstellung in unserer Reichshauptstadt auch den Erfolg erzielen, dass sich des Böhmerwaldes und dessen Bewohnern neuerlich weitere Kreise annehmen.

Josef Taschek.

II. Grulich.

Seit langer Zeit ist die Holzschnitzerei in Grulich betrieben worden; dieselbe bildet einen wichtigen Zweig der hiesigen Erwerbsthätigkeit.

Der Krippe wurde, weil solche Spielzeuge zur Weihnachtszeit gute Verwerthung fanden, ein besonderes Augenmerk zugewendet, und es wurden solche und Krippenfiguren in allen erdenklichen Ausführungen erzeugt.

Von Krippen (landläufig hier »Geburten« benannt) befinden sich im Besitze von Privaten Exemplare, welche nachweisen, dass die geschnitzten Figuren, die correct gearbeitet, 100 Jahre alt sind.

Die Anfertigung von Christuskörpern (Corpusse)

wurde stark betrieben, und kamen solche schockweise roh geschnitzt zum Versandt. Gegenwärtig hat dieser Artikel aufgehört, nachdem derlei Corpusse auf Särgen durch Papiermaché und Metall ersetzt werden.

Das Anfertigen aller Holzfiguren wurde zumeist mit einem einzigen Werkzeuge (Schnitzer genannt) bewerkstelligt und kam immer mehr in Uebung. Der Sohn lernte vom Vater, und so gewann die Holzschnitzerei immer mehr an Ausbreitung, sie wurde zur Hausindustrie, welche nicht nur in der Stadt Grulich, sondern auch in den angrenzenden Ortschaften Niederheidisch, Obererlitz, Rothfloss, auch Oberlipka ansehnlich wurden. Allerdings werden heute ausser dem Schnitzer schon Bildhauer-Eisen zu Hilfe genommen und ist ein erfreulicher Fortschritt auf diesem Ge biete wahrzunehmen. Der Export von Krippenfiguren, Vögeln, Thierköpfen, Thieren, Crucifixen hat sich seit den letzten zehn Jahren bedeutend gehoben.

Seit vierzig Jahren erst ist die Pfeifenschnitzerei dazu gekommen, und es beschäftigen sich einige Schnitzler ausschliesslich mit der Erzeugung von Pfeifenköpfen und passenden Pfeifenröhren. Diese werden von den hiesigen Horndrechslern roh übernommen, zusammengestellt und in grösseren Partien versendet. Auch werden solche in allen Dimensionen auf Bestellung angefertigt und mit Standeswappen, Monogrammen etc. ausgestattet.

Die im Jahre 1873 in Wien veranstaltete Collectiv-Ausstellung hiesiger Hausindustrieller gab den Anlass zur Gründung der hiesigen nunmehr sechzehn Jahre bestehenden k. k. Fachschule für Holzindustrie. Diese Anstalt, welche Zöglinge ohne Entrichtung eines Schulgeldes in der Tischlerei, Bildhauerei und Drechslerei ausbildet, wurde bei ihrer Gründung seitens der hiesigen Hausindustriellen keinesfalls warm begrüsst. Mit vieler Mühe gelang es dem damaligen Fachschul-Comité, im ersten Schuljahre 1873/74 — 24 Schüler der Schule zuzuführen. Diese Eifersucht wurde glücklicherweise in kurzer Zeit bezwungen. Das hohe Ministerium stattete die Schule mit praktischen Modellen aus, welche nunmehr häufig benützt werden. Viele Schüler, welche die Anstalt mit Erfolg frequentirt haben, sind heute in guten Stellungen als Werkmeister und Lehrer an ähnlichen Fachschulen untergebracht, und es ist eine erfreuliche Zunahme von Schülern und Freunden dieser Anstalt wahrzunehmen.

Wir gehen nun wieder zu unserer Hausindustrie über und sei zunächst erwähnt, dass heute der Versandt der Waare in grössere Städte und auch nach Deutschland kein geringer ist. Es können mehrere Gewerbsleute angeführt werden, welche Figuren, Thiere, Thierköpfe, Tabakpfeifen, Crucifixe und Wallfahrtsgegenstände en gros versenden. Leider müssen die sogenannten Schockfiguren, welche einen Hauptartikel bilden, zu ungemein billigen Preisen verkauft werden. Ausser den Schnitzlern befassen sich ganze Familien ausschliesslich wieder mit dem Malen der vom Zwischenhändler erkauften Figuren und Gegenstände, und diese Beschäftigung bildet noch immer eine Erwerbsquelle in den härtesten Wintermonaten, da zur Weihnachtszeit diese Artikel am begehrtesten sind. Eine directe Verbindung zwischen Erzeuger und Grossconsument käme unseren Hausindustriellen sehr zu statten. Anderntheils sollten die Erzeuger die Gelegenheit, die ihnen durch die k. k. Fachschule geboten wird, fleissiger benützen, um Mustergiltiges leisten zu können. Möge die diesjährige Ausstellung dazu beitragen, auf die Erzeugnisse der hiesigen Hausindustrie aufmerksam zu machen und neue Absatzgebiete zu erschliessen.

Joh. Kretschmer.

MÄHREN.

———

I. Nördliches Mähren.

Der internationale statistische Congress in Pest 1876 hielt nach langer Berathung an folgender Dreitheilung des Begriffes Hausindustrie fest: 1. Die im Schosse der Familie für den täglichen Bedarf arbeitende — die Hausindustrie innerhalb der Familie; 2. die alte, nationale oder traditionelle Industrie, die eine Nebenbeschäftigung ackerbautreibender Personen ist; 3. die für Rechnung eines Unternehmers oder eines Fabrikanten im Hause betriebene Anfertigung von Producten — die fabriksmässige Hausindustrie.

In Mähren sind alle diese drei Arten von Hausindustrie stark vertreten; zur Vorführung in einer Ausstellung eignen sich jedoch nur die Erzeugnisse der ersten beiden Kategorien, wenngleich die wirthschaftlich hochbedeutsame dritte Art, die fabriksmässige Hausindustrie, eine weit beachtenswerthere Erscheinungsform des industriellen Betriebes ist, als man auf den ersten Blick zu glauben versucht wäre. Deshalb dürfte eine kurze Aufzählung der in Mähren betriebenen fabriksmässigen Hausindustrien das

durch die ausgestellten Erzeugnisse der beiden ersten Kategorien gebotene Bild in wünschenswerther Weise ergänzen:
Das Spulen und Weben in der Leinen- und Baumwoll-
weberei; die Fransenknüpferei in der Leinen-, Baum-
woll- und Seiden-Industrie; die Erzeugung von Holzdraht
und Papierschachteln in der Zündhölzchen-Fabrication;
das Rohrflechten und Poliren in der Fabrication von
Möbeln aus gebogenem Holze; das Nähen von Spagat-
sohlen für Filzschuhe; das Haarschneiden der Felle
und das Ausfertigen der Hüte in der Hutfabrication; die
Anfertigung von Kleidern, Wäsche (insbesonders Arbeiter-
wäsche) und Schuhen in der Confections-Industrie.

Max Hoenig.

II. Oestliches Mähren.

Der politische Amtsbezirk Walachisch-Meseritsch umfasst jenen Theil des nordöstlichen Mährens, welcher einerseits von den Ausläufern der weissen Karpathen, andererseits von jenen der Beskiden begrenzt und von der unteren
(Rožnauer) und der oberen (Wsetiner) Beczwa durchströmt
wird. Einen Flächenraum von 9·892 Quadrat-Myriameter
umfassend, bildet derselbe mit seinen 73 Ortschaften und
76.476 Einwohnern ein in sich abgeschlossenes hausindu-
strielles Productionsgebiet von eminenter wirthschaftlicher
Bedeutung.

Die Bewohner dieses Gebietes, die »mährischen Wala-
chen«, gehören durchwegs dem slavischen Volksstamme an.
In den vom Verkehr abseits gelegenen Thälern hat sich auch
der alt-walachische Dialect bis heutigentags erhalten;
nicht so die alte kleidsame Tracht, an welcher nur mehr die

weiblichen Mitglieder einzelner Familien festhalten. Mit der erwähnten Tracht verschwand in den letzten Jahrzehnten auch die ehemals aller Orten vorhandene alt-slavische Bauart der hölzernen Blockhäuser; eine Bauweise, welche sich bekanntermassen von der alt-germanischen dadurch unterscheidet, dass die Horizontale insoferne die Stelle der Verticalen einnimmt, indem wagrecht auf einander geschichtete Holzstämme die Wände bilden, welche ein hoch aufgethürmtes und architektonisch eigenartiges Dach schützt und bekrönt. Heute sind von dieser in ihrer Weise stylgerechten Bauart nur mehr spärliche Ueberreste vorhanden, welche in nicht allzu ferner Zeit, so wie die Eigenart des Volksstammes, modernen — leider nicht immer besseren — Anschauungen und Gebilden Platz machen werden.

Auf das Verschwinden der volksthümlichen Tracht und Bauweise ist auch die Thatsache zurückzuführen, dass die heute vorhandene walachische Hausindustrie in keinem ihrer vielfachen Zweige einen so specifisch nationalen Charakter aufweist, wie es etwa bei der südslavischen Hausindustrie in der Textilbranche oder bei den Stickereien der ruthenischen Bauern u. s. w. der Fall ist. Denn wir finden beispielsweise landwirthschaftliche Geräthe — abgesehen von ihrer conventionellen Form, welche diesfalls nicht ausschlaggebend ist — sobald sie decorirt werden, mit ganz denselben geometrischen Linienornamenten versehen, welche die gleichartigen, im böhmisch-mährischen Grenzgebirge und in mehreren anderen Gegenden erzeugten Objecte zieren.

Die Hausindustrie des nordöstlichen Mährens trennt sich nach verschiedenen Orten. Der Ursache dieser Trennung nachzuforschen, ist ebenso schwierig, als die hausindustrielle Production statistisch zu beziffern und in halbwegs verlässlichen Geldwerthen auszudrücken. Letzteres ist überhaupt unmöglich, weil man bei den Hausindustriellen dieser Gegend weder Arbeitsbücher, noch irgendwelche Aufschreibungen findet und die Verfrachtung ihrer Erzeugnisse auf den verschiedensten Wegen und in der mannigfaltigsten Weise geschieht. Demgemäss sind auch alle Daten, welche sich auf die Statistik dieser Hausindustrie beziehen, blos als das auf Grund vielfacher Nachfragen und jahrelanger Beobachtungen zusammengestellte durchschnittliche Ergebniss aufzufassen.

Im Nachfolgenden soll nun die im nordöstlichen Mähren vorhandene hausindustrielle Production in Hinsicht auf ihre verschiedenen Arbeitsarten und ihren gegenwärtigen wirthschaftlichen Zustand des Näheren erörtert werden.

Die Arbeiter dieses Hausindustriebezirkes lassen sich in drei verschiedene Kategorien trennen. Zu der ersten zählen wir jene, bei denen die hausindustrielle Arbeit fast den ausschliesslichen Erwerbszweig der eigenen Familie bildet, und die sich sonach traditionell an Kind und Kindeskinder vererbt; zur zweiten solche, welche bei ihrer Production auch Personen beschäftigen, die nicht zu dem engeren Kreise der Familie gehören; *) der dritten Kategorie gehören endlich diejenigen an, welche sich sammt ihren Familienmitgliedern neben der geringen Feldarbeit auch noch mit Arbeiten beschäftigen, die ihnen von den hier etablirten Fabriken für Möbel aus massiv gebogenem Holze, von den Etablissements textiler Richtung u. A. m. zur Ausführung in ihrer eigenen Häuslichkeit übergeben werden. Was die Erwerbsverhältnisse anbelangt, so sind dieselben bei der ersterwähnten Kategorie am schlechtesten, während sie sich bei den beiden anderen Kategorien progressiv besser gestalten. In Bezug der handwerklichen Gattung

---

*) Obwohl sich diese Personen gewissermassen als Hilfsarbeiter darstellen, bleibt der Charakter der Arbeit als Hausindustrie unverändert.

ihrer Erzeugnisse trennt sich die Hausindustrie gleichfalls in verschiedene Gruppen. Unter diesen ist wohl jene am hervorragendsten, welche sich mit der **Verarbeitung des Holzes** in mannigfaltigster Art befasst. Zu den in diesem Hausindustriebezirke erzeugten Holzarbeiten zählen wir:

a) Landwirthschaftliche Geräthe, als: Schiebkarren und Scheibtruhen, Schlitten, Ackerpflüge und Eggen, Heu- und Mistgabeln, Rechen, Wurf- und Getreideschaufeln, Hanfschneider, Sensengestelle, Pferdekummet-Gestelle, die verschiedenen Getreide-Hohlmasse, Futtertröge u. s. w.;

b) Objecte des häuslichen Gebrauches, als: Schindeln, Wasser- und Wäschebutten, Bottiche, Wäsche- und Badewannen, Wäscheklammern, Melkkübel, Küchen-Schneidebretter, Salz- und Mehlschüsseln, Salz- und Mehlschaufeln, Kochlöffeln, Quirle, Nudelwalker; ferner die verschiedenen Daubengefässe (Bütten), Käsepressen, Butterfässer und Formen, runde Holzschachteln, Spinnräder, Pfeifen aus Wachholderholz, die verschiedenartigsten Messer- und Gabelgriffe, Besen aus Birkenruthen u. s. w.;

c) Kinderspielwaaren. Die Arbeiter, welche zu dieser Gruppe zählen, sind hiergegends nur in einigen wenigen Producten vertreten, und diese sind von äusserst primitiver Form und technischer Ausführung. Wir rechnen hiezu: die verschiedenen Kinderwagen und Schlitten, die reducirten Copien einiger landwirthschaftlicher Geräthe, endlich Kindertrommeln, die bekannten Oster-Ratschen und Klappern. Alle anderen Spielwaaren, welche hier auf Märkten feilgeboten werden, sind, wie wir uns bei häufigen Nachfragen wiederholt überzeugten, aus anderen Hausindustrie-Gegenden importirt.

Mit Rücksicht auf den verarbeiteten Rohstoff wäre an dieser Stelle noch

d) die Korbflechtwaaren-Hausindustrie zu

nennen, welche, in der Gegend seit altersher schwunghaft betrieben, in dem letzten Jahrzehnt durch die in Walachisch-Meseritsch, Brnov, Wsetin, Brumow und Freiberg errichteten Korbflechtschulen an Ausbreitung, für die nunmehr besser gearbeiteten Objecte aber auch an reichlicherem Absatz und besserem Verdienst gewonnen hat.

Es wäre müssig, hier alle die Objecte aufzählen zu wollen, welche im nordöstlichen Mähren mittelst des Flechtens erzeugt werden; und es dürfte genügen, zu erwähnen, dass es von dem ordinären Kohlenkorb- oder Leiterwagengeflechte aus ganzen, ungeschälten Weidenruthen angefangen bis hinauf zu der zartesten Bonbonnière aus dünngehobelten Weidenschienen (Splieten) keine Flechtarbeit gibt, welche daselbst nicht angefertigt werden würde. Entsprechend dieser vielgestaltigen Production werden zu diesen Arbeiten neben dem hier producirten Weiden-Flechtmaterial: Peddigrohr, gebleichtes und gefärbtes Esparto, Palmenblätter, Binsengras, Stroh, Eisengarn u. s. w. verwendet.

Die holzverarbeitende Hausindustrie finden wir in nachstehend benannten Orten:

Klein-Bistritz, Branek, Jarcowa, Laase, Gross-Lhotta, Jassenitz, Mtschenowitz, Strzitesch; ferner in Austi, Bistrzizka, Hostialkow, Howiesi, Jablunkau, Jassenka, Johannowa, Katerzinitz, Mikuluwka, Przno, Ratibor, Rauschtka, Roketnitz, Seminka, Wsetin; endlich in Mittel-Betschwa, Ober-Betschwa, Gross-Bistritz, Hutisko, Gross-Karlowitz, Klein-Karlowitz, Solanetz, Wigantitz, Witsche und Zubrzi.

Nach den hierüber schon des Oeftern gepflogenen Erhebungen dürften sich im ganzen politischen Bezirke Walachisch-Meseritsch circa 7500 Hausindustrielle befinden, welche blos Holz- und Flechtwaaren erzeugen, und unter diesen sind wohl die Schindelmacher am meisten vertreten.

Der gesammte Waarenumsatz in Holzarbeiten lässt
sich nach dem Gesagten nicht eruiren. Nach vielfachen Nachfragen gelang es nur, zu constatiren, dass sich derselbe in
den Hauptorten, d. i. in Klein- und Gross-Bistritz, auf circa
3000 fl. pro Jahr belauft.

Der tägliche Verdienst beträgt bei den kleineren Objecten dieser Hausindustrie 50 bis 60 kr., während er sich
bei den grossen landwirthschaftlichen Geräthen auch auf
12 bis 14 fl. wöchentlich, allerdings per Arbeiterfamilie, be-
laufen soll.

Der zur Verarbeitung erforderliche Rohstoff ist zumeist
Tannen-, Buchen- und auch Birkenholz.

In Korbflechtarbeiten dürfte sich der Waarenumsatz
dieser Gegend auf mindestens 50.000 fl. pro Jahr beziffern.
Der wöchentliche Verdienst beträgt durchschnittlich 3 bis
5 fl. per Arbeiter.

Zur zweiten Arbeitsgruppe rechnen wir die **Messererzeugung.** Der Hauptort der hausindustriellen Messerindustrie ist das auch schon bei der vorigen Gruppe genannte
Dorf Rauschtka, in welchem sich heute noch an 200 Personen mit der Messererzeugung beschäftigen. Diese arbeiten
die bekannten Taschenmesser (Taschenfeitel) mit oder auch
ohne Stahl zum Feuerschlagen; lange Messer verschiedener
Grösse und Form für Fleischhauer oder zum blossen Hausgebrauche. Die Klinge dieser Messer ist fast durchwegs aus
gutem Stahl; das Heft, theils einfach geschnitzt, theils verziert oder auch gedrechselt, wird aus Pflaumen- oder Kirschbaumholz hergestellt.

Vormals war die Messer-Hausindustrie auch noch in
mehreren anderen Orten vorhanden. So z. B. zählte man in
dem Dorfe Hostialkow vor mehreren Jahren über 100 Personen, welche sich mit derselben befassten, während es deren

heute nur mehr fünf dort gibt. Ferner sind in Ratibor 50 Arbeiter, welche sich mit der Messeranfertigung beschäftigen. Die in den genannten und einigen anderen Ortschaften erzeugten Messer werden zumeist an in Wsetin ansässige Kaufleute geliefert, welche dieselben im Wege des Hausirhandels in Oesterreich-Ungarn verkaufen, aber auch nach Deutschland und Russland exportiren.

Der Verdienst der Messerarbeiter wird nachstehend angegeben:

Für ein Schock Taschenmesser erhält der betreffende Arbeiter 1 fl. 20 kr.; für lange Küchen- oder Tischmesser per Schock 1 fl. 80 kr. bis 2 fl. 60 kr. Sein täglicher Verdienst beträgt bei 15 stündiger Arbeitszeit sammt den zeitweilig verwendeten Hilfskräften 40 bis 60 kr.

Dieser geringe Verdienst ist wohl die Hauptursache des rapiden Niederganges dieser einstmals blühenden Hausindustrie. Allerdings ist der Rückgang nicht minder dadurch zu erklären, dass diese äusserst primitiven, wenn auch betreffs des Materials vorzüglichen Messer neuerer Zeit von den in der Form gefälligeren und praktischeren Fabrikserzeugnissen in- und ausländischer Provenienz immer mehr und mehr vom Markte verdrängt werden. In der vor Kurzem in Wsetin errichteten Messerfabrik erhielt diese Hausindustrie, sozusagen an der Stätte ihrer einstigen Blüthe, eine Concurrenz, der sie in leicht absehbarer Zeit vollständig erliegen wird.

Die dritte Gruppe bildet die **Hausindustrie textiler Richtung.** Diese finden wir zumeist in den nächst dem bekannten Curorte Rožnau liegenden Gemeinden vertreten. Die hausindustrielle Weberei in und um Rožnau liefert ihre Erzeugnisse fast durchwegs an die in dem etwa eine Meile entfernten Frankstadt vorhandenen Fabriken textiler Richtung. Die Arbeitsverhältnisse dieser Hausindustriellen sind wohl die traurigsten im ganzen Bezirke. Seinerzeit zu jenen Erhebungen herangezogen, welche behufs der Begründung einer Webe-Fachschule (jener in Frankstadt bestehenden) massgebenden-orts veranlasst wurden, hatte der Verfasser dieser Abhandlung vollauf Gelegenheit, sich mehrfach zu überzeugen, dass der Rožnauer Gerichtsbezirk eine Noth aufweist, welche jeden Menschenfreund wahrhaft erschüttern muss. Ganz so, wie man es vor wenigen Jahren hinsichtlich der Spitzenindustrie im Erzgebirge schilderte, kann man hier überall, wo man das eintönige Geräusch des Webestuhles hört, gewiss sein, der nackten Armuth, hungernden Menschen auf Schritt und Tritt zu begegnen; und nur sehr rationelle Mittel vermöchten daselbst ein Elend zu lindern, welches die Ungunst der Verhältnisse in beispielloser Weise verschuldet.

Relativ besser als ihren Leidensgefährten, den Webern, ergeht es hier noch jenen wenigen Hausindustriellen, welche, wenn ihre spärliche Feldarbeit ruht, spinnen, von Tuchabfällen Handschuhe für Holzspalter und Fuhrleute erzeugen, oder endlich sich mit den in der erstbesprochenen Gruppe genannten Holz- und Flechtarbeiten befassen.

Seinerzeit wurde auch in der Wsetiner Gegend die Flachs-Spinnerei, Leinenweberei und Leinwandbleiche als selbstständige Hausindustrie in grossem Massstabe betrieben. Noch vor ungefähr 25 Jahren gab es z. B. in Hostialkow kein Haus, in welchem zur Winterszeit nicht fleissig gesponnen und das erzeugte Garn am eigenen Webestuhle verarbeitet worden wäre. Und während damals kaum die Ufer der Bäche zur Bleiche der so gewonnenen Leinwand ausreichten, spinnen daselbst heute nur mehr alte, zu einer andern Arbeit unfähige Personen; und kaum zehn Webestühle sind es, welche man jetzt in dem nahezu 1900 Personen zählenden Orte im Winter in Thätigkeit findet. So ist es auch in mehreren anderen Ortschaften; die Hausleinwand wird successive überall durch die billigeren Erzeugnisse der Fabriken und namentlich durch die Baumwollwaare verdrängt.

Nachstehende Daten dürften den Niedergang dieser Hausindustrie des Weiteren erhärten. Man zahlt an Arbeitslohn per Elle Hausleinwand:

Für das Spinnen 5 kr., woraus ein Tagesverdienst von circa 50 kr., für das Weben 4 bis 5 kr., woraus ein Tagesverdienst von circa 50 bis 60 kr., für das Bleichen 4 bis 5 kr., woraus ein Tagesverdienst von circa 20 bis 30 kr. resultirt.

Ein Weber erzeugt per Arbeitsstunde durchschnittlich eine Elle Hausleinwand, von welcher 60 Ellen mit 14 bis 15 fl. an die einheimischen Händler verkauft werden.

Endlich gehören zu der Gruppe der textilen Richtung alle jene weiblichen Handarbeiten, wie: Strickereien, Stickereien, Netzarbeiten u. s. w., welche nicht nur für das Bedürfniss der eigenen Familie angefertigt, sondern auch auf Märkten feilgeboten werden. Unter den aus dieser Gegend stammenden Mustern wird der Fachmann so manches Motiv finden, welches sich nicht nur in seiner technischen Ausführung, sondern auch in stylistischer Hinsicht gefällig präsentirt.

Es wäre wahrlich irrig, die hier beschriebene, so wie jede andere Hausindustrie als einen zum grossen Theile überwundenen Factor im wirthschaftlichen Leben zu betrachten. Wir halten es im Gegentheile für eine der erspriesslichsten Aufgaben der Staatsverwaltung und aller berufenen Kreise, dem technischen und geschäftlichen Niedergange, ja theilweisen Verschwinden derselben entgegenzuarbeiten; und das sollte unverweilt und insbesondere in solchen Gebirgsgegenden geschehen, in welchen die hausindustrielle Arbeit neben dem geringen Ertrage des sterilen Bodens ein

Einkommen abwirft, das, wenn auch spärlich, doch beiträgt, dem an die karge Scholle gebundenen Gebirgsbewohner des Daseins Mühe zu erleichtern.

Und in derselben Art, als es durch Staatshilfe gelang, die Spitzenindustrie im Erzgebirge zu beleben, könnte ein an der grossangelegten Holzindustrie-Schule dieses Bezirkes eingerichteter Specialcurs zweifelsohne beitragen, die hier vorhandene »hausindustrielle Arbeit holztechnischer Richtung« in zielbewusster Art zu fördern. Die Absicht hiezu ist schon seit Langem vorhanden, doch haben sich bisher nicht Jene gefunden, welche zur Erhaltung der auszubildenden Hausindustrie-Arbeiter, zu ihrer Ausrüstung mit den erforderlichen Werkzeugen ihr Scherflein beitragen würden. Die Aufgabe dieses Specialcurses müsste aber, wenn man der hier in Rede stehenden Hausindustrie in rationeller Art beikommen wollte, durch einen an den Volksschulen einzuführenden Handfertigkeits-Unterricht unterstützt werden, welcher in erster Linie an jene in der Familie geübte Handarbeit anknüpft.

Mögen alle Kreise, denen die Pflege des Volkswohles zur Pflicht gemacht ist, in ihrer Wirkungssphäre thätig sein, damit die in ihrem Bestande bedrohte Hausindustrie des nordöstlichen Mährens nicht gänzlich verfalle und der armen Bevölkerung eine Erwerbsquelle gesichert bleibe, deren gänzliches Versiegen ihr namenloses Elend bereiten würde!

Franz Rosmaël.

GALIZIEN.

—

E s wurde mir die Ehre zu Theil, von dem General-
Comité der Allgemeinen land- und forstwirthschaftlichen Ausstellung, Wien 1890, in das
Comité für die Gruppe XII, Hausindustrie, gewählt zu werden.
Ich erhielt damit die Mission, die Darstellung der galizischen Hausindustrie durchzuführen, zu diesem Zwecke
geeignete Objecte zu beschaffen und nebst Gegenständen aus
meinen Sammlungen (gräflich Dzieduszycki'sches Museum
in Lemberg) im Hausindustrie-Pavillon zur Ausstellung zu
bringen. Dieser Ausstellung soll noch eine erläuternde schrift-
liche Schilderung folgen.

Da der Pavillon die Hausindustrie der gesammten
österreichischen Kronländer aufnehmen muss, so muss sich
die Ausstellung der Hausindustrie auf die charakteristischen
Gegenstände der Hausindustrie jedes Kronlandes beschränken.

Der für Galizien eingeräumte Platz entspricht vielleicht
dem Verhältnisse zum gesammten Raume, genügt aber kaum,
um nur ein schwaches Bild der wichtigsten Zweige unserer
Hausindustrie vorführen zu können. Man befindet sich in

demselben Falle mit den schriftlichen Erläuterungen. Unsere Hausindustrie hat sich mit unserem Leben, mit unserer Sitte, Geschichte und Tradition so eng verschlungen, dass man sich in der peinlichsten Lage befindet, in Folge des beschränkten Raumes nur oberflächliche Andeutungen über unsere Hausindustrie machen zu können.

Ich habe diese grossen Schwierigkeiten der mir übertragenen ehrenvollen Aufgabe wohl erwogen. Diese Schwierigkeiten steigerten sich jetzt für mich umsomehr, als ich, von Galizien abwesend, nicht selbst die Vorbereitungen zur Ausstellung leiten konnte und gezwungen war, sogar diese Zeilen ausserhalb Galiziens zu schreiben und ohne die nothwendigen Daten und Gegenstände zur Hand zu haben. Es tauchten deswegen in mir sehr ernste Bedenken darüber auf, ob ich mich dieser, für meine Kräfte so schwierigen Arbeit unterziehen könne.

Diese meine Bedenken hat aber unser Obmann nicht berücksichtigt. Ich musste mich seinem Willen fügen und ihm meine Sammlungen der galizischen Hausindustrie und mich selbst zur Disposition stellen. Ich werde mich nun bemühen, in den folgenden Zeilen auf Grund meiner persönlichen Erfahrungen ein möglichst getreues Bild der galizischen Hausindustrie zu geben.

Der Begriff Hausindustrie wird jetzt öfters unrichtig angewendet und oft mit Kleingewerbe verwechselt. Was wir in Galizien Hausindustrie nennen, wird sich aus meinen Mittheilungen ergeben.

Unser Bauer hat bis in die jüngste Zeit, und in entlegenen Gegenden noch jetzt, Alles, was er für sich und seine Familie brauchte, selbst, und zwar hauptsächlich aus den Producten seiner eigenen Wirthschaft mit Hilfe seiner ganzen Familie verfertigt. Seine Hauptbeschäftigung war immer die

Landwirthschaft, und zwar nach örtlicher Möglichkeit in allen Zweigen derselben.

Aber alle von der landwirthschaftlichen Arbeit freie Zeit benützte die ganze Familie, um Producte für den eigenen Bedarf herzustellen. Im Herbste wurden Hanf, Flachs und Wolle zum Spinnen vorbereitet und verschiedene Kräuter und diverse Ingredienzen gesammelt, um daraus Färbestoffe zu bereiten. An Winterabenden wurde fleissig gesponnen, und zwar auf dem Spinnrocken (Kunkel Kądziel). Die Frauen gebrauchten die übrige Zeit, um für die ganze Familie Wäsche und für sich selbst die gebräuchlichen Kleidungsstücke zu verfertigen. — Der männliche Theil der Familie befasste sich mit der Weberei von Leinwand und von in der Gegend gebrauchten Kleidungsstoffen, mit der Vorbereitung von Holzmaterial zur Verfertigung von Haus-, Wirthschafts- und Ackerbaugeräthen, sowie mit der Zurichtung von Baumateriale. Ferner wurden Schafhäute zu Pelzen, andere Thierhäute zu Stiefeln und anderem Hausbedarf verarbeitet. Stroh, Schilf, Weide und Holzwurzeln wurden zu Körben und zu verschiedenen Hausgeräthen verwendet.

Wo die Ortsverhältnisse günstig waren, wurde Lehm gegraben, vorbereitet, im Garten nach altem Gebrauch ein Töpferofen gebaut und das nöthige Geschirr verfertigt.

Wir sehen aus dem bisher Gesagten, dass das Bauernhaus eigentlich eine Werkstätte der verschiedenartigsten Gewerbszweige war. In vielen Gegenden ist es auch jetzt noch so, in anderen hat jedoch eine Arbeitstheilung platzgegriffen, und zwar zwischen Nachbarn, Insassen eines Dorfes, seltener einer ganzen Gegend (denn die zur Befriedigung der Bedürfnisse der Dorfbewohner dienenden Gewerbe wurden in der Regel alle im eigenen Dorfe betrieben), indem jeder Einzelne nach Massgabe seiner Handgeschicklichkeit in diesem oder jenem Gewerbe vorzugsweise arbeitete. In jedem Dorfe sind Weber, welche Hanf und Flachs und — wo gebräuchlich—auch Wolle verweben, ferner Schuster, Schneider, Schmiede, Wagner, Korb- und Strohflechter, Zimmerleute etc. Ein jeder von ihnen deckt seine und seiner Familie Bedürfnisse und jene seiner Nachbarn. Alles Rohmateriale wird hauptsächlich aus der eigenen Wirthschaft oder doch aus der nächsten Umgebung bezogen. Von auswärts wurden nur Salz und Eisen bezogen und gekauft.

In gewissen Gegenden, je nach örtlichen Verhältnissen, nach dem Vorkommen von Naturproducten, geschieht es oft, dass von einigen Artikeln mehr producirt wird, als für den Haus- oder Ortsbedarf nothwendig ist, und dass es dagegen andere Hausbedürfnisse gibt, die man gar nicht befriedigen kann. Die Einen musste man loszuwerden, die Anderen dagegen zu bekommen trachten. Lange Zeit herrschte bei uns Tauschhandel, und in einigen Gegenden besteht er noch bis jetzt. In der Gegend von Brody, Zloczov, Kamionka, Strumilova sind viele Ortschaften, wo Töpferthon im Ueberflusse vorkommt. Die Töpfer führen mit eigenen Wagen und Pferden regelmässig wenigstens zweimal im Jahre ihre Waare gegen Podolien zu und bleiben, in einem Dorfe ankommend, vor den Thüren ihrer Kunden stehen. Die Hausfrau wählt sich ihre Waare und schüttet nach Verabredung in ein Gefäss Producte ihrer Wirthschaft, also: Grütze, Erbsen, Fisolen etc. als Gegenwerth. Nach der Quantität der gewählten Waare ist die Grösse des Gefässes, in welches die Producte, die die Bezahlung ausmachen, hinein kommen, festgestellt. Lange Zeit haben Verkäufe der Producte dieser Hausindustrie nur zwischen den Producenten und den nächsten Consumenten auf den Wochenmärkten des nahegelegenen Städtchens stattgefunden. Deswegen war es so schwer, sich die Erzeugnisse der Hausindustrie einzelner Gegenden zu verschaffen. In jüngster Zeit erscheinen leider schon Zwischenhändler, die sowohl den Verkäufer wie den Käufer auszubeuten trachten. Wir behalten uns vor, die Ursache der Localisirung der Producte der Hausindustrie in den einzelnen Gegenden noch später zu besprechen.

Ein flüchtiger Blick auf Land und Leute, wenn auch nur durch die Fenster von Eisenbahn-Waggons, die Galizien der Länge oder Quere nach durchlaufen, genügt, um den Fremden zu überraschen durch die Mannigfaltigkeit der vorübereilenden Naturbilder und durch die so schnell wechselnde Bevölkerung mit ihrer so grossen Verschiedenheit in Tracht und Gebahren. Ich bemerke nur die Verschiedenheit der Bauerntrachten z. B. auf der Strecke Oswiecim, Krakau, Lemberg, Tarnopol, Podwołoczyska oder auf der Strecke Zajbusch, Neusandec, Jaslo, Stryj, Stanislav, Husiatyn.

Diese Verschiedenheit wird noch greller in's Auge fallen bei genauer Kenntniss der Landessprachen und sorgfältiger Beobachtung der Trachten, Wohnungen, Sitten und Gebräuche in einzelnen Gegenden. Man wird dann erkennen, dass die hier lebende Bevölkerung keine einförmige, im Gegentheil eine sehr verschiedene Abstammung hat und ihre Vorfahren sehr verschiedene und mannigfaltige Schicksale durchlebt haben müssen. Und eingedenk, dass dieser lange, sich vom Westen nach Osten hinziehende verhältnissmässig schmale Streifen Landes, welcher jetzt das Kronland Galizien und Lodomerien mit dem Grossherzogthum Krakau und Herzogthum Auschwitz und Zator genannt wird, nur ein Stück eines grossen historischen Ganzen ist, wird man begreifen, dass man es hier mit den verschiedenartigsten Stämmen und Völkerschaften zu thun hat, die einst auch noch andere historische Gemeinschaften gebildet haben.

Man muss weiter in Betracht ziehen, dass diese Theile des ehemaligen polnischen Reiches lange Jahre Grenz-Provinzen waren. Die nächsten Nachbarn waren Türken, Tataren und Länder, wie die Walachei, Moldau etc., welche unter dem Einflusse und öfters unter der Herrschaft des ottomanischen Reiches standen. Durch das jetzige Galizien führte fast der kürzeste Weg von Osten nach Westen; deswegen waren diese Gegenden durch Jahrhunderte oftmals der Kriegsschauplatz zwischen Osten und Westen und der Tummelplatz der verschiedensten asiatischen Horden und Völkerschaften. Bei allen diesen Kriegen und Streifzügen war sehr oft fast der Hauptzweck, so viel wie möglich Beute zu machen, und die kostbarste Kriegsbeute waren damals die Kriegsgefangenen. Ganze Bevölkerungen wurden weggeführt, gesichtet, und wer nur zu was immer für einer Arbeit tauglich war, wurde auf den Sclavenmärkten und in den Sclaven-Bazars Asiens und Nordafrikas verkauft und zu allem Denkbaren benützt. Nach solchen Kriegen und Streifzügen waren öfters ganze Strecken Landes entvölkert. Es mussten neue Insassen gesucht werden. Vor Allem hat man Kriegsgefangene, Nachzügler und Ueberreste der hier hausenden muselmännischen Horden angesiedelt.

Dann wurden Auswanderer aus anderen polnischen Provinzen hier ansässig. Aber auch Kriegsgefangene anderer Völker, auch aus dem Westen, wie z. B. bei den Kriegen mit Schweden, bei welchem Kriegsvolk von dem ganzen Westen sich betheiligte, wurden hier angesiedelt. Aus dem Gesagten, sowie auch aus dem Umstande, dass man hier alte Colonien von Littauren, Masuren, Kosaken etc. vorfindet — kann man sich leicht die Verschiedenheit der jetzigen Bevölkerung erklären.

Die hiesigen Ureinwohner, wie alle hier eingewanderten und angesiedelten Leute haben natürlich Sitten, Gebräuche und Tracht ihrer Heimat beibehalten, haben sich zusammen gruppirt und sich einen Marktplatz ausgewählt, wo sie für sich und ihre Stammesgenossen zu Hause verfertigte Gebrauchsgegenstände kaufen und verkaufen konnten. Alles war natürlich für den eigenen und den Gebrauch ihrer Stammesgenossen nach alter Tradition und heimatlicher Sitte verfertigt. Diese Umstände erklären uns die Localisirung der Producte der Hausindustrie in einer gewissen Gegend, denn vielleicht schon in nächster Nähe waren die Bewohner anderer Herkunft, eines anderen Stammes, die andere Tracht, andere Bedürfnisse, andere Gewohnheiten hatten und bei denen sich eine andere Hausindustrie ausgebildet hatte.

Wir haben schon zu Anfang dieser Abhandlung erwähnt, dass sich die Hausindustrie des Bauernhauses mit unserem Leben, unserer Sitte, Geschichte und Tradition so innig verflochten hat. Und in der That, wenn wir das häusliche Leben unserer Vorfahren betrachten, und wenn wir uns die eigenen Jugenderinnerungen auffrischen, werden wir finden, dass diese Hausindustrien auch sehr oft die Bedürfnisse der gebildeteren und vermögenderen Classe versorgt und befriedigt haben. Die Hauptbeschäftigung unserer Frauen, und zwar fast aller Classen der Bevölkerung, war seit uralter Zeit die Haushaltung. Ihr grösster Stolz war auch, alles Mögliche und Nöthige für den Haushalt im Hause besorgen und verfertigen zu lassen. Die Frauen der höchsten Würdenträger rühmten sich, bei Ausstattungen der Tochter Leib- und Tischwäsche zu Hause verfertigen zu lassen, und die feinsten und zartesten Stickereien waren oft auch von Landmädchen zu Hause angefertigt. Aber damals war ja der Begriff Haus ein weitläufiger. Das ganze Dorf, die ganzen ländlichen Besitzungen nannte man sein Haus, seine Haushaltung. Aber auch der Hausherr, der Landwirth, der Jäger, der Ritter haben sehr Vieles aus diesem ihrem grossen Hause bezogen. Die kriegerischen, aber auch friedlichen Beziehungen des Mannes zum Orient, seine Tracht, Rüstung und Geräth, die so viel orientalischen Einfluss verrathen, liessen es ihm wünschenswerth erscheinen, in seiner Umgebung Leute zu haben, welche mit orientalischer Industrie und orientalischem Gewerbe bekannt waren.

Da unsere Vorfahren, ob sie nun im Schlosse, in der Burg oder im Bauernhaus wohnten, sehr viel im Freien verweilen mussten, bei landwirthschaftlicher Arbeit, auf der Jagd, der Reise und besonders im Kriege und Lager, waren bei ihnen Pelz und Teppich von grossem Werthe.

Das bestätigt der Umstand, dass wir überall, wo Schlösser oder befestigte Burgen sind oder waren, noch heute Kürschner und Teppichweber vorfinden, z. B. in Zbaraz, Zalosce, Alt- und Neusandec etc. — Es kamen Fälle vor, wo Gefangene, sogar solche, die schon als Sclaven verkauft waren, durch Verträge, Auslosung, Geld und Tausch für andere Kriegsgefangene etc. aus der Sclaverei in ihre Heimat zurückkehrten. Es existirten sogar Priester- (Trynitarze) Orden, deren Hauptzweck die Befreiung der Sclaven und Kriegsgefangenen war. Diese aus der Gefangenschaft Zurückgekehrten waren natürlich sehr erwünscht. Sie brachten ihr dort erlerntes Gewerbe in ihre Heimat zurück, fanden zwar öfters keine Familie und kein Eigenthum mehr vor, wurden aber als Ansiedler sehr gesucht. Die Frauen brachten die Kunst der orientalischen Stickereien und den Gebrauch der gestickten Hemden mit, die wir noch heute in verschiedenen Gegenden antreffen, besonders an den Ufern des Dniester, des Pruth etc. Und manche orientalische Stickmuster, die wir noch heute in Kirchen und Klöstern bewundern, wurden in der Sclaverei erlernt und vielleicht als Dankesvotum für die wiedererhaltene

Freiheit am Altare niedergelegt. — In Folge der Kriege und kriegerischen Streifzüge haben sich Leute in Gebirg und Wald geflüchtet, um dort Schutz zu suchen. Wir finden noch heute in der ganzen Gebirgskette von der bukowinischen Grenze längs der ungarischen fast bis zur schlesischen Grenze Bevölkerungen, die sich durch ihre Tracht und Sitte von der anderen übrigen Bevölkerung sehr unterscheiden. Hier müssen wir zuerst die Huzulen erwähnen, welche an der bukowinischen Grenze, hauptsächlich im Kossower Bezirke, wohnen und die eine eigenthümliche Sitte, Tracht und Hausindustrie beibehalten haben. In nähere ethnographische Erörterungen können wir uns natürlich hier nicht einlassen.

Weiter gegen Westen sind die Bojki im Stryjer Bezirk, die Tatra-Goralen um das Meerauge und Zakopane. In den ehemaligen Urwäldern von Sandomirz, Sandomirska pusziza finden wir alte Ansiedelungen.

Wir haben gesehen, dass bei günstigen örtlichen Verhältnissen sich mit der Zeit in gewissen Gegenden diese unsere Hausindustrie nach der einen oder anderen Richtung mehr ausgebildet hat, so dass allmählich Centralpunkte für dieses oder jenes Product der Hausindustrie mit Beibehaltung der alten Sitte und Tradition der Bevölkerung dieser Gegend entstanden sind. Aber leider verwischt sich mit der Einführung der Eisenbahnen und der Erleichterung der Communication auch bei der ländlichen Bevölkerung die alte Tradition, allgemach ändert sich der Stoff der Bekleidung, die fremde Baumwolle verdrängt nach und nach unseren einheimischen Flachs und Hanf. Die Anilinfarbstoffe nehmen jetzt schon sehr oft die Stelle unserer alten traditionellen Farbstoffe ein. Die jetzt erlaubte und sehr in Gebrauch kommende Parcellirung der Bauerngründe macht, dass es schon Gegenden und Ortschaften gibt, wo die Bewirthschaftung des schon sehr verkleinerten Grundstückes zur Ernährung der Familie nicht hinreicht, und wenn in der Familie ein Product der Hausindustrie besonders cultivirt worden war, so wird nach und nach die Verfertigung dieses Productes zur Hauptbeschäftigung. Wenn sich die Anfrage nach diesem Producte mehrt und die Mitglieder der Familie nicht ausreichen, um allen Bestellungen zu entsprechen, werden Lehrlinge, Gehilfen angenommen, die Landwirthschaft wird ganz aufgegeben oder auf die Bebauung eines kleinen Gärtchens reducirt, und aus der Hausindustrie ist Kleingewerbe geworden. Bei den so entstandenen Kleingewerben muss man noch unterscheiden solche, die das alte eigenthümliche Gepräge beibehalten haben, und solche, die den allgemeinen, rein industriellen Charakter besitzen.

Indem wir im Vorstehenden einen flüchtigen Blick auf das Wesen unserer Hausindustrie geworfen haben, gehen wir jetzt zur Betrachtung der Erzeugnisse einzelner Gruppen unserer Hausindustrie über, wie sie sich jetzt im Lande vorfinden. Da der Hauptzweck unserer Hausindustrie war, alles Nöthige für Wohnung und Bekleidung, sowie das unentbehrliche Geräth für den Haushalt und für die Landwirthschaft vorzubereiten und zu erzeugen, so theilen wir alle diese Producte in folgende Gruppen ein: 1. Erzeugnisse der Weberei. 2. Erzeugnisse aus Haut, Fell und Leder. 3. Holzindustrie-Erzeugnisse. 4. Erzeugnisse aus Stroh und Schilf. 5. Thonindustrie-Erzeugnisse. 6. Erzeugnisse aus Stein. 7. Erzeugnisse aus Metall. 8. Frauenarbeit und Verschiedenes.

1. Die Textilindustrie (Weberei). Die Weberei ist eine der Hauptindustrien des Bauernhauses, denn Leinwand und Tuch bilden das vorzüglichste Bekleidungs-Material der ganzen Bevölkerung. Die Zubereitung von Flachs, Hanf und

Wolle war neben der Landwirthschaft die Hauptbeschäftigung
der ländlichen Bevölkerung. So wie die Trachten und die
Sitten unserer Bauern sehr verschieden sind, so mannigfaltig
sind auch die Producte des bäuerlichen Webstuhles. Der
Webstuhl gehörte bis in die jüngste Zeit zum Hausgeräthe
in fast jedem Bauernhause, und noch jetzt gibt es sehr viele
Gegenden, besonders in Ostgalizien, wo nahezu in jedem
Hause ein Webstuhl vorhanden ist. Diese Webstühle sind
in jeder Gegend nach örtlichem Herkommen dort selbst von
Bauern verfertigt, bilden sehr oft einen Einrichtungsgegen-
stand der Stube und sind für die durch Tracht und Gebrauch
der Gegend vorgeschriebenen Stoffe eingerichtet. Die Producte der Weberei sind — wie gesagt — ausserordentlich
verschieden. Wir werden hier nur die Hauptproducte dieser
unserer textilen Hausindustrie erwähnen. In erster Linie ist
die Leinwand zu nennen. Die dazu verwendeten Roh-
materialien sind Flachs und Hanf allein oder in verschieden-
artiger Mischung. Je mehr Hanf mit verarbeitet wird, desto
gröber ist die Leinwand, je länger sie der Sonne ausgesetzt
und benässt, d. h. je länger sie gebleicht wird, je weisser
sieht sie aus. Auch dieser ganzen Manipulation liegt der
altherkömmliche Brauch des Ortes und der Gegend zu
Grunde. Leinwand wird bei uns nicht nur zur Leibwäsche,
sondern auch als Stoff zur männlichen und weiblichen Ober-
kleidung benützt. So z. B. werden im Sokaler Bezirk die
aus einer eigenen Art gekreuzelter Leinwand, sogenannte
Kozuszek, hergestellten Oberleibchen allgemein getragen.
In der Gegend von Rawa-Ruska u. s. w. tragen die Bauern
lange und breite Gewänder aus Leinwand, sogenannte
Plutnianki, die man sogar im Winter über dem Schafspelz
anzieht, um den letzteren vor Nässe zu schützen. Fast ein
jeder von diesen Webern kann auch feine Leinwandsorten

weben, wenn man ihm nur feines Garn zur Verfügung stellt. In vielen Gegenden trägt man an Festtagen feinere Wäsche, und in früheren Zeiten hat man auch im Schloss und Hof feine Hausleinwand gebraucht und das hiezu nöthige Garn aus eigenem Flachs durch geschickte Spinnerinnen verfertigen lassen. Auf die schon früher beschriebene Weise haben sich nach und nach Centren der Leinen-Industrie gebildet, wie z. B. Krosno, Korczyna, Bezirk Krosno; Dębowiec, Jaslo, Bezirk Jaslo; Blazowa, Bezirk Rzeszow; Jasienica, Domaradz, Bezirk Brzozów; Gliniany, Bezirk Przemyslany; Kossów, Bezirk Kossów, u. s. w. u. s. w., wo bereits aus der Hausindustrie das Kleingewerbe hervorgegangen ist — und so sind wichtige industrielle Punkte mit zahlreicher und arbeitsamer Bevölkerung entstanden, welche die Leinwandweberei berufsmässig betreibt, ja wo sogar schon Fachschulen anzutreffen sind. Es ist zu bemerken, dass sich in verschiedenen Gegenden unter den Webern Specialisten für Tischtücher und Handtücher (Servetniki) vorfinden, die auch traditionelle gleichfarbige Muster hineinweben. Es war der Stolz unserer Hausfrauen früherer Zeiten, zu Hause fabricirte feine und gut gebleichte Tischtücher vorzeigen zu können.

Bis jetzt haben wir über Weberei mit nicht gefärbtem Flachs und Hanf gesprochen und müssen nun noch ein paar Worte über Leinwandweberei sagen, bei der auch gefärbter Zwirn verwendet wird. Es sind Gegenden, wie z. B. zwischen Brody, Zbaraz und Tarnopol, wo man zweifarbige Stoffe erzeugt, indem man blaugefärbten und gewöhnlichen ungefärbten Zwirn verarbeitet. Diese Stoffe, die in jeder Gegend andere Localnamen führen, werden zu verschiedenen Kleidungsstücken allgemein gebraucht. Sie sind auch unter dem Namen Dreliszki bekannt.

Auch diese Hausindustrie tritt in verschiedenen Gegenden schon als Kleingewerbe auf. Solche Stoffe werden hauptsächlich, und zwar schon in verschiedenen Mustern, in Andrychów, Bezirk Wadowice, gewebt, wo diese ursprüngliche Hausindustrie seit alter Zeit betrieben wird. Diese Dreliszki wurden von dortigen Webern im ganzen Lande zum Verkauf herumgetragen, und ein Dreliszkarz aus Andrychów war mit seiner sehr dauerhaften Waare auf dem Lande immer ein beliebter Gast.

Wir verdanken dem Herrn kais. Rath Dr. Ferd. Weigel in Krakau folgende Notiz über Andrychów's Webe-Industrie.

Andrychów sammt den umliegenden Dörfern Gilowice, Rychwald, Kocierz, Lękawice, bewohnt von tausenden Webern, war bis zur Hälfte des vorigen Jahrhunderts ein Dorf, bekannt durch seine Hausindustrie-Erzeugnisse in Tischtüchern, Servietten, Handtüchern und Zwilchen. Damals gehörten diese Güter dem Castellan von Biecz, Grafen Stanislaw Ankwicz, erbeigenthümlich und waren in der Wojwodschaft Krakau, Herzogthum Zator, gelegen. Schon damals waren die Hausindustrie-Erzeugnisse der dortigen Weber in Tisch- und Handtüchern etc. wegen ihrer Dauerhaftigkeit und soliden Arbeit aus reinem Garn, selbst im Auslande bekannt. Mit Privilegium vom 24. October 1767 erhob der letzte Polenkönig Stanislaw August IV. den Ort Andrychów zu einer Stadt, gestattete, dass sie mit Mauern, Gräben und Dämmen umgeben werde, und drückte im Privilegium ausdrücklich aus, er wünschte damit Handel und Gewerbe zu heben, insbesondere aber der seit Jahrzehnten schon bekannten dortigen Webeindustrie in Roczyny, Zagornik, Targanice, Czaniec, Wilamowice bei Biala etc. »mehrere Aufmunterung werden zu lassen«. Durch die Concurrenz der Fabrikserzeugnisse bedrängt, arbeiteten die Handwerker dennoch sachkundig fort, und in neuerer Zeit leisten an 1800 derselben auf gewöhnlichen Handwebstühlen im hausindustriellen Betriebe bei ihrer Findigkeit und ganz besonderen Vorliebe für Weberei in niedrigen, qualmigen Wohnstuben, die gleichzeitig ein bis zwei ordinäre Webstühle bergen, unter Anleitung eines recht intelligenten Unternehmers (Joachim Grünspann), der in Andrychów eine förmliche Niederlage ihrer Erzeugnisse errichtet hat, Erstaunliches in Gradeln, Zwilchen, Manufacturartikeln aller Art, modernen Woll- und Baumwollstoffen, Leinwanden, Shirting, Segeltuch u. dgl. Artikeln, die sich der besten auswärtigen Waare ebenbürtig anreihen und nur der Verbreitung in Bazars und Verkaufsstellen im Lande bedürfen, um anderwärtige Waare zu verdrängen. Ein Weber verdient 18 bis 30 fl. per Monat. Der Preis der Erzeugnisse ist angemessen, die Waare stets gesucht. (Preis-Courante bei J. Grünspann in Andrychów.)

Einen sehr wichtigen Webeartikel bilden bei uns Stoffe, aus welchen man Decken verfertigt. Der Stoff wird gewöhnlich sechs Meter lang und einen Meter breit gewebt, dann in der Mitte zerschnitten und der Länge nach zusammengenäht, und so entsteht eine Decke. Diese Stoffe werden immer nur gestreift gemacht. Die gröberen sind aus Hanf gewebt, und zwar von gebleichtem oder ungebleichtem Zwirn mit Streifen von blau gefärbtem Zwirn. Bei diesen Stoffen herrscht die grösste Mannigfaltigkeit, und eine jede Gegend hat hier etwas Eigenthümliches im Weben, in der Farbe etc. Es sind Gegenden, wo diese Streifen von verschiedenen Farben gemacht werden, andere, wo man Streifen von Naturwolle hineinmischt, noch andere, wo man nur das Scheergarn aus Hanf macht und das Ganze mit gefärbter Wolle überwebt. Diese Decken führen in jeder Gegend Localnamen. Sie heissen Plachly, Rántuchy, Werety etc.

Solche Decken werden auch zu sehr verschiedenen Zwecken verwendet. Neu werden sie zur Bedeckung von Betten, Tischen, Bänken, Schlitten, Wägen etc. gebraucht; dann dienen sie zum Schutze gegen Regen und Wind als Ueberwurf beim Ausgehen, zuletzt werden sie zum Tragen von Futter, Gemüse und Kleinigkeiten für den Markt und auf Reisen verwendet.

Es gibt Gegenden, wo es noch jetzt üblich ist, starke grobe Leinwand aus Hanf mit Oelfarben zu bemalen und so zu Kleidungsstücken zu gebrauchen. Diese Art Leinwand wird eigens dazu gemacht, und gehen in den betreffenden Gegenden Maler herum, die auf dem Rücken die nöthigen Requisiten mittragen. Die Kunden wählen sich Muster, liefern die Leinwand, und der »Künstler« malt durch Patronen mit dazu präparirten Oelfarben das gewünschte Muster, meistens mit blauer oder brauner Farbe. So gemalte Leinwand wird gewöhnlich zu Frauen-Ueberröcken gebraucht, welche Malowanki Dymki heissen. Es gibt aber Gegenden, wo auch Männer solche Leinwand zur Sommerkleidung benützen. Die Muster sind nach den Gegenden verschieden und vererben sich von Generation auf Generation.

Wir gehen jetzt direct auf die Weberei von **Wollenstoffen** über, obwohl es viele Stoffarten gibt, die den Uebergang von der Leinenweberei zur Wollweberei markiren, in welchen nämlich Flachs, Hanf und Wolle in verschiedenartigster Mischung zusammengewebt vorkommen und welche für verschiedene Kleidungsstücke der Frauen verwendet werden.

Der gewöhnliche Oberanzug der Bauern, besonders für den Herbst und das Frühjahr oder für Festlichkeiten, ist in sehr vielen Gegenden aus T u c h gemacht. Eine jede Gegend hat ihre eigene Tuchgattung, die nach Farbe und Qualität ganz verschieden ist. Auch die Form, der Schnitt und der Schmuck der daraus verfertigten Röcke sind besonders in Ostgalizien fast in jedem Dorfe verschieden, und auch die Art der Erzeugung des Tuches selbst ist sehr mannigfaltig. In einigen Gegenden ist das Scheergarn aus Hauf und nur mit Wolle überwebt, in anderen ist das ganze Gewebe aus reiner Wolle. Man heisst diese Art Tuch Sisraczyna und die Kleidung Sierak. Die Weiber gebrauchen denselben Stoff, nur der Rock wird zierlicher gemacht und mehr aufgeputzt. Diese Tuchweberei ist bei uns sehr ausgebreitet, und fast die meisten Dorfweber machen neben Leinwand auch Tuch, denn nahezu eine jede Wassermühle auf dem Lande hat eine Vorrichtung zum Stampfen des Tuches (Folusz). Es werden auch verschiedene wollene Stoffe für Frauen-Unterröcke gemacht, die je nach der Gegend in Ausarbeitung, Farbe und Muster sehr variiren. Interessant sind die in vielen Gegenden, z. B. im Bezirke Brody, Zloczow, Tarnopol, Zbaraz etc., gewebten Frauenschürzen (Zapaski); sie sind auch in Farbe und Muster sehr verschieden.

Wir kommen endlich zur Besprechung der Fabrication unseres, vielleicht interessantesten Webereierzeugnisses, nämlich unserer Bauernteppiche, der sogenannten Kilimki. Das Wort Kilim soll in einer der orientalischen Sprachen Teppich heissen, und Kilimek wäre ein kleiner Teppich. In früheren Zeiten, etwa noch im Anfange dieses Jahrhunderts, war die Fabrication von Kilimki, besonders in Ostgalizien, sehr verbreitet. Wir finden noch Spuren dieser Erzeugung in Ortschaften, wo sie jetzt nicht mehr existirt. Die Sitte, sowohl die Kilimki zu weben, als sie zu gebrauchen, kam aus dem Oriente und hat sich hauptsächlich in Gegenden verbreitet, wo orientalische Kriegsgefangene angesiedelt wurden, also in den Gegenden, wo Schlösser oder Burgen gestanden haben

oder noch stehen, wie z. B. Zbaraz, Toki, Zalosce etc., und
in grossen Theilen von Podolien, wohin ebenfalls die aus
der muselmännischen Gefangenschaft zurückkehrende Bevölkerung den Gebrauch der Kilimki, die Kunst, sie zu
weben, und Muster dazu gebracht hat. Die Webstühle, auf
denen man sie noch jetzt verfertigt, sind nach altem Herkommen gemacht. Man kann die Teppiche nur bis zu einer
gewissen Breite weben, während die Länge nicht beschränkt
ist, das heisst, man kann mehrere Kilimki der Länge nach
wiederholen. In Gegenden, wo diese Teppiche fabricirt
werden, haben sich gewisse Typen ausgebildet. So z. B. in
der Gegend von Zbaraz und Toki, Zbarazer Bezirk, sind
grosse Muster, meistens stylisirte geometrische Figuren, mit
einer Bordüre fast desselben Inhaltes umgeben. In der
Gegend von Zalosce sind die Muster ganz anders und laufen
bis an den Rand ohne Bordüre. Ein jeder Weber behält im
Ganzen den Haupttypus seiner Gegend bei, hat aber seine
eigenen Muster und seine eigene Art, dieselben zu ordnen
und die Farben zu wählen. Diese Muster und die Anordnung
derselben geht vom Vater auf den Sohn über und haben ihre
Localnamen. Eine jede Kunde muss die gefärbte Wolle selbst
mitbringen und kann sich das Muster entweder selbst wählen
oder überlässt das Muster und die ganze Anordnung des
Kilimkés dem Weber.

Der fertige Kilimk wird dann nach der Zahlung des
bedungenen Arbeitslohnes dem Besteller überlassen. Unsere
Weber haben überhaupt eine sehr entwickelte Nachahmungs-
gabe, und es geschieht sehr oft, dass die Kunde das bäuerliche traditionelle Muster verschmäht und ein Muster nach
ihrem Geschmack angibt, und deswegen findet man jetzt
Kilimki mit ganz modernen unpassenden Mustern. — Die
Kilimki dienen als Bettbedeckung, als Stubendecoration bei

Festlichkeiten und auch als Gabe zum Schmuck der Kirche. Sie werden in den Familien sorgfältig aufbewahrt. Verkauft werden sie nur im äussersten Nothfalle. Diese Umstände erklären die Schwierigkeit, sich Kilimki zu verschaffen. Nach der Art wie die Kilimki, werden auch in manchen Gegenden Stoffe für Decken aus färbiger Wolle gewebt, wie jene, von denen wir bei Leinwandweberei gesprochen haben. Sehr viele Gegenden haben noch local eigenthümliche Weberei-Artikel; so z. B. hat man in etlichen Bezirken Ostgaliziens gewebte Leinwandstreifen für Hemden, in anderen für eine eigenthümliche Art von Kopftüchern, welche an den Rändern mit den Streifen geziert werden. Diese Leinwandstreifen sind bunt und haben eigenartige Muster. Es gibt Gegenden, wo bunte Männer- und Frauengürtel gewebt werden.

Der Hauptvorzug dieser bei uns gewebten Stoffe besteht in ihrer Dauerhaftigkeit und Festigkeit und bei farbigen Erzeugnissen auch in der Echtheit und der Harmonie der angewendeten Farben. In der letzten Zeit sind leider die Anilinfarben auch bei uns immer mehr und mehr in Gebrauch gekommen. Ihre Billigkeit und die Leichtigkeit, sie in dem kleinsten Kramladen zu bekommen, verlocken unsere ländlichen Färbereien oft, ihre alten und bewährten Färbestoffe zu Gunsten der Anilinfarben aufzugeben. Sie begreifen leider nicht, dass die hier von ihnen gekauften Farben meistens nur ein Fabriks-Ausschuss von der schlechtesten Gattung sind, und dass durch diese Farben der Werth unserer textilen Erzeugnisse ganz wesentlich verringert wird, indem die Anilinfarben und überdies die schlechteste Qualität derselben die Faser angreifen und die grellen Farben sehr leicht verbleichen und dem Regen und der Nässe nicht widerstehen können. Um die Weberei von Kilimki haben sich in den letzten Jahren

grosse Verdienste erworben: Thaddäus Ritter v. Fedorovicz aus Klebanowka, Bezirk Zbaraz, Ladislaus Ritter
v. Fedorovicz aus Okno, Bezirk Zbaraz, und Oskar Graf
Potocki aus Buczacz im gleichen Bezirk. Diese Herren
haben sich der Kilimki-Fabrication auf das Wärmste angenommen. Sie halten fest an den alten Ueberlieferungen, alten
Mustern und an den guten alten Farbstoffen und trachten,
durch bessere Webstühle, die sie langsam einführen, dem
heimischen Weber eine schnellere Fabrication zu ermöglichen
und dadurch einen besseren Erwerb zu verschaffen und auch
vielen Fremden den Ankauf von Kilimki zu erleichtern. Graf
Potocki hat versucht, die alten sogenannten türkischen Makaten, die man bei uns noch öfters vorfindet und deren
Muster wir sehr oft auf älteren Kilimki begegnen, durch
die Buczaczer Weber zu reproduciren. Die Fürstin Marie
Czartoryska ist momentan bestrebt, die in Podolien
heimische Kilimki-Industrie auf ihrem Gutsgebiete einzuführen.

2. **Erzeugnisse aus Haut, Fell und Leder.** So unent-
behrlich die Textilerzeugnisse als Bekleidungsmittel sind, so
wichtig sind bei uns auch die aus der Haut der Thiere
hergestellten Halbfabricate, als: Pelz, Leder etc. Die Verarbeitung und die verschiedenartigste Behandlung der Thierhäute war und ist im Lande sehr verbreitet. Es ist vielleicht
noch eine Ueberlieferung aus Urzeiten, oder vielleicht hat
mancher Ansiedler aus der nordischen Heimat Erinnerungen
aus dem nomadischen Leben seiner Vorfahren mitgebracht,
wie man die Haut des Zuchtviehs oder der Jagdbeute für
den Gebrauch zubereitet.

In fast allen Gegenden des Landes ist die Haupt-
bekleidung der ländlichen Bevölkerung der Schafspelz
(Kuzuch). Der Bauer trägt ihn natürlich den ganzen Winter,

aber sehr oft, besonders bei Nacht, behält er ihn auch in anderen Jahreszeiten. Diese Schafspelze von eigenen Schafen werden nach altem Brauche der Gegend gegerbt und verfertigt. Sie sind sowohl in der Farbe (weiss, schwarz, grau), als auch in der Länge, Breite, Form und in dem Aufputz sehr verschieden. Diese Pelze werden im Allgemeinen ohne Ueberzug getragen, die Häute werden aber sehr verschieden gegerbt und haben daher alle möglichen Farben-Nuancen von weiss bis dunkelbraun. In manchen Gegenden putzt man die Aussenseite dieser Pelze manchmal sehr reich und bunt mit verschieden gefärbten Lederstreifen auf; oft werden sogar Blumen aus Leder aufgesetzt. Die Pelze von Uniow, Bezirk Przemyslany, Tysmienica, Bezirk Tlumacz, Pruchnik, Bezirk Jaroslaw, Neu- und Alt-Sandec etc. sind im ganzen Lande berühmt. Im Stanislauer, Tlumaczer, Kossower Bezirke und in anderen trägt man Pelze ohne Aermel; besonders ist dies bei den Huzulen, welche diesen Pelz Keptar nennen, Sitte. Solche sind kürzer, manchmal wie eine Weste. Diese Schafspelze werden auch von Weibern getragen. Neben dem Schafspelze ist auch eine Schafs-mütze im Gebrauche. Auch ihre Form ist ungemein verschieden, sie wird meistens aus dem Pelz der jungen Schafe gemacht, manchenorts nur aus grauen Schafspelzen. Mit Tuch überzogene Schafspelze werden noch sehr viel von Kleinstädtern getragen, und zwar mit Krägen aus Pelzen junger Schafe; die Frauen trugen früher und in manchen Städten tragen sie jetzt noch breite Krägen von Fuchspelz. Die Fuchspelze werden überhaupt viel benützt, besonders in den Städten. Im Bezirke Kolomea und in den Nachbar-bezirken tragen die Bauern eigenthümliche Pelzmützen mit einem Fuchsschwanz umgeben.

Das Gerben der Häute ist im Lande allgemein in

Uebung; fast ein jeder Kürschner gerbt sich die Häute selbst, und viele Schuster thun dasselbe.

Es finden sich aber besonders in den Städten schon Gerber, die auch glattes Leder für Schuster und Riemer zubereiten. Die Gerberei hat sich in der letzten Zeit in vielen Gegenden zum Kleingewerbe entwickelt. Das Verfertigen der in jeder Gegend üblichen Fussbekleidung ist noch fast überall eine echte Hausindustrie geblieben, obwohl auch eine jede Gegend ihre Schuster-Colonie hat, wo diese Beschäftigung schon mehr als Gewerbe auftritt. Fast in jedem Dorf gibt es S c h u s t e r, denen die Landwirthschaft nicht fremd ist. Solche Schuster-Colonien sind z. B. Uhnow, Bezirk Rawa-Ruska, Pruchnik, Bezirk Jaroslaw etc.

Eine jede Gegend hat ihre herkömmliche Stiefelform. In Ostgalizien sind noch jetzt Gegenden, wo besonders Weiber farbige Stiefel tragen, besonders dunkelroth und gelb. Stiefel aus farbigem Leder wurden früher, unserer Nationaltracht entsprechend, allgemein getragen; sie wurden von aus dem Orient stammenden Leuten, die der römisch-katholisch-armenischen Kirche angehörten und bei uns allgemein »Armenier« genannt wurden, erzeugt. Jetzt verfertigt man solche Stiefel noch in manchen Gegenden, wie z. B. in Tysmienica, Kuty, Sniatyn etc. Fast jede Gegend hat noch ihre eigenen traditionellen Ledererzeugnisse. In sehr vielen Gegenden trägt man l e d e r n e G ü r t e l, die die mannigfaltigsten Breiten haben. Sehr merkwürdig sind die breiten mit Metall verzierten H u z u l e n - G ü r t e l, wie auch Gürtel aus rothem Leder, die man in der Gegend von Krakau trägt. Diese breiten Gürtel dienen auch als Tasche. Die Huzulen machen noch Taschen zum Umhängen aus Leder, mit Messingknöpfen reich verziert. In sehr vielen Waldgegenden trägt man, besonders auf Reisen, U m h ä n g t a s c h e n a u s

Dachsfell. Diese Dachsfell-Taschen waren früher sehr verbreitet. In etlichen Gegenden, besonders im Vorgebirge, werden eigenartige Lederschuhe getragen oder die Füsse mit Lederlappen umwickelt.

Die Behandlung der Häute ist sehr verschieden. Sie werden auf besonderen Vorrichtungen gedreht, mit Birkentheer geschmiert und auch noch mit verschiedenen Fetten behandelt, mit welchen auch ausser mit Theer Stiefel geschmiert werden, um sie wasserdicht zu machen.

3. Holz-Hausindustrie. Erzeugnisse aus Holz.

Die Erzeugnisse aus Holz unserer Hausindustrie umfassen ein sehr grosses Gebiet; vor Allem die eigentliche Wohnstätte der ländlichen Bevölkerung, denn die meisten Wohnungen und Wirthschaftsgebäude sind aus Holz gebaut; dann aber auch den grössten Theil der Haus- und Wirthschaftsgeräthe etc. Hier, wie fast bei allen Erzeugnissen unserer Hausindustrie, herrscht die grösste Mannigfaltigkeit. Eine jede Gegend hat ihre Eigenthümlichkeiten im Hause und in den Geräthen. Wir müssen hier im Allgemeinen bemerken, dass fast in allen Landestheilen unser Bauer von Kindheit aus an die Handhabung der Hacke gewöhnt ist, dass das Lieblingsspielzeug des Knaben eine eigene Art von Messer, Kozik genannt, ist, mit dem er sich selbst alles Mögliche aus Holz schneidet, und dass der Knabe schon für den Hausbedarf Holz hacken und dem Vater bei allen Holzarbeiten behilflich sein muss. Die dadurch erlangte Handfertigkeit in der Holzbearbeitung bewirkt, dass fast ein jeder Hauswirth im Stande ist, sich selbst alles das zu machen, was er nach dem Ortsgebrauche, nach dem Gesehenen, nach seinem Bedürfnisse aus Holz für seinen Haushalt braucht. Es muss noch bemerkt werden, dass jetzt noch Holz von verschiedenster Gattung für die Bauernhaushaltung fast überall genügend vorhanden ist, und dass sich ein Jeder noch leicht und verhältnissmässig billig Holz verschaffen kann, oft als Lohn für kleine Arbeiten im Walde bei Rodungen, Culturen etc.

Alle Holzerzeugnisse unserer Hausindustrie aus verschiedenen Gegenden Galiziens hier aufzuzählen und zu beschreiben, ist für mich jetzt eine reine Unmöglichkeit. Ich muss mich hier darauf beschränken, nur die wichtigsten zu erwähnen.

Wir haben schon früher gesagt, dass der Bauer ursprünglich fast nur Salz und Eisen kaufen musste, und deswegen hat er alles Mögliche gethan, um — wo es anging — Eisen durch Holz zu ersetzen; so sehen wir noch heute da und dort, dass die Räder der Bauernwagen nicht mit eisernen Reifen beschlagen, sondern aus einem Stück harten jungen Holzes gemacht werden, welches auf einer eigenthümlichen Vorrichtung gebogen wird. Diese Räder sind eine Eigenthümlichkeit vieler unserer Waldgegenden und werden in entfernte Gegenden ausgeführt.

Wo Waldungen, besonders Buchenwaldungen vorhanden sind, werden kleine Wirthschafts- und Hausgeräthe in Massen verfertigt, besonders sehr viele verschiedenartige Schaufeln, die dann auch in entfernten Gegenden auf Jahrmärkten zum Kaufe angeboten werden.

Die innere Einrichtung unserer Bauernwohnungen ist zwar sehr einfach, immerhin aber auch sehr verschieden; die Hauptbestandtheile jedoch bleiben in ihrem Wesen gleich. Es sind immer da: ein Bett, Bänke an den Wänden und um den Ofen, Tische, stehende oder an der Wand hängende Schränke für's Geschirr und Truhen. Der Hauptbestandtheil dieser einfachen Möblirung bleibt die Truhe, »skrzynia«. Sie ist überall das wichtigste Möbel und dient zur Aufbewahrung des Werthvollsten, was die Familie besitzt. Diese Truhen sind je nach der Gegend aus einfachem Naturholz, lackirt, gefladert, einfach mit Wasserfarben angestrichen, mit verschiedenen Mustern bunt bemalt, geschnitzt und bemalt etc. etc. Eine jede Gegend hat ihre Fabrications-Ortschaften für die gebräuchlichen Truhen. Solche Ortschaften sind beispielsweise: Jaworów bei Lemberg (bunt bemalt), Złoczów, Kamionka Strumiłowa (gefladert), Kolomea, Kossów (geschnitzt und bemalt) und viele andere.

Ein wichtiger und sehr verbreiteter Zweig der Holz-Hausindustrie ist die Holzlöffel-Fabrication. Der Gebrauch der Holzlöffel ist bei der ländlichen Bevölkerung allgemein. Sie werden hauptsächlich aus dem Holze der Vogelkirsche, des wilden Obstbaums, aus Ahorn-, Eschenholz etc. verfertigt. Die Löffel-Hausindustrie ist in vielen Gegenden noch eine der Nebenbeschäftigungen während des Winters. Es sind Gegenden, wo der Bauer, nachdem er im Frühjahr sein Feld bebaut hat, fortzieht, um als Maurer Arbeit zu finden. Die Sommer-Feldarbeiten und die Ernte überlässt er seiner Familie; im Herbste kehrt er zurück, besorgt die Wintersaaten und beschäftigt sich sodann durch den ganzen Winter mit der Verfertigung von Löffeln etc. Solche Ortschaften gibt es unter Anderem im Brodyer Bezirke. Die Löffel sind sowohl der Form als auch der Holzgattung und Bearbeitung nach sehr verschieden.

Grosse Verbreitung, aber auch sehr grosse Verschiedenheit haben bei uns die Böttcher-Erzeugnisse. Ein Böttcher, der altes Geschirr ausbessern kann und neue Reife aufzusetzen weiss, war und ist noch jetzt fast in jedem Dorfe. Ein sehr wichtiges und traditionelles Gefäss ist jenes, worin der Brotteig bereitet wird (»dziezka«). Dieser Teigtrog und die Kunkel sind bei uns seit uralter Zeit Symbole der Hausfrau und spielen noch jetzt bei Bauernhochzeits-

Ceremonien und Bräuchen eine grosse Rolle. Der Teigtrog findet sich heute noch in allen Bauernwirthschaften vor.

Sehr verbreitet ist bei uns die Holzflechterei, und zwar in allen möglichen Ausführungen. Die gröbste ist das Flechten der Umzäunung der Bauernhöfe aus dickem Weiden-, Hasel- und in einigen Gegenden Birken- und Kiefernreisig und Aesten, die man um eingerammte Pflöcke flechtet. Die Körbe für Bauernwagen werden aus Weidenruthen geflochten. In verschiedenen Gegenden werden aus Reisig, Ruthen, Zweigen und Wurzeln von diversen Bäumen und Sträuchern die verschiedensten Körbe, Geräthe und Behälter geflochten.

Was man aus dieser Befähigung zum Flechten, welche unsere Landbevölkerung fast überall besitzt, machen kann, wenn man sich der Sache mit Liebe und Verständniss annimmt, zeigen die Erfolge auf dem Gebiete der Korbflechte-Hausindustrie, welche Graf Hompesch in Rudnik und Fürstin Marie Czartoryska in Wiązownica erzielt haben.

Nachdem die Fürstin beobachtet hatte, dass die Dorfbewohner Strohbändchen flochten und daraus ihre Hüte verfertigten, liess sie von ihnen aus demselben Geflechte verschiedene Körbchen, Untersätze u. s. w. machen, welche Gegenstände dann an einzelne Kaufleute und Private veräussert wurden.

Dadurch erhielten ursprünglich namentlich jene Kinder Beschäftigung, welche stundenlang auf der Hutweide das Vieh hüten.

Da jedoch der Absatz dieser Arbeiten ein verhältnissmässig geringer war, kam die Fürstin auf den Gedanken, ein bislang unbenütztes und gefälliges Material, die Binse zu benützen.

Die ersten Versuche, dieses Material zur Korbflechterei zu verwenden, machte die Fürstin selbst; sie unterrichtete die jugendlichen Arbeiter, Knaben von 10 bis 12 Jahren, und da die dortige Bevölkerung überhaupt intelligent und namentlich handlich sehr geschickt ist, wurden die ersten Schwierigkeiten in kurzer Zeit überwunden, und bald lernte es einer von dem andern, so dass bereits im zweiten Jahre circa 30 Familien mit dem Verfertigen der »grünen Körbe« beschäftigt waren, für welche mittlerweile durch die Bemühungen der Fürstin auch ein überraschend starker Absatz gefunden wurde. Einige der begabtesten Knaben waren als Stipendisten in die Jaroslauer Korbflechterei-Schule geschickt worden, wodurch es möglich wurde, nach ihrer Rückkehr in's Dorf auch die Verbindung der Weide mit der Binse zu verwerthen.

Seit Einführung dieser Industrie im Jahre 1886 wurden bis Ende 1889 für 1950 fl. derlei Waaren verfertigt, in den ersten zwei Monaten des laufenden Jahres bereits für 550 fl., und liegen Bestellungen auf 24.000 Körbe einer Gattung vor nebst anderen bedeutenden Bestellungen auf verschiedene andere Formen für das In- und Ausland. Verfertigt werden: Blumenkörbe, Blumenkübel, Fruchtkörbe, Untersätze, Papierkörbe, Ampeln, Flaschenhülsen, Einsatzkörbe, Tischchen, Etagèren etc. in verschiedenen Formen, welche nach Bedarf und Bestellung fortwährend modificirt und ergänzt werden.

Diese Arbeiten werden hauptsächlich in Wiazownica und in letzterer Zeit auch in einigen angrenzenden Dörfern betrieben und haben den Charakter der reinen Hausindustrie strenge bewahrt, indem sie in den Bauernhütten durch die Hausbewohner und Familienglieder als Nebenerwerb der Landwirthe verfertigt werden. Der einzelne Knabe verdient zumeist im Winter 30 bis 60 Kreuzer, einige Familien ein bis zwei Gulden täglich. Mit den Bestellungen, der Beaufsichtigung der Arbeiter, Bezahlung derselben, Correspondenz, Ablieferung und Expedition beschäftigen sich unter der Leitung der Fürstin deren Secretär J. Mielnicki und der Oberlehrer der Ortsschule in Wiazownica, Herr J. Dąbrowski.

Auch aus Holzrinde, besonders aus Linden- und Fichtenrinde, werden Einlagen für Bauernwagen und verschiedene Geräthe gemacht. Aus Lindenbast werden Stricke und Seile erzeugt. Aus der Rinde der Vogelkirsche macht man in vielen Gegenden Umhängtaschen, die allgemein getragen werden.

Wie wir bereits erwähnt haben, macht sich gewöhnlich ein jeder Bauer seine Stubeneinrichtung selbst. Es gibt aber Gegenden, wo die Erzeugung von gewöhnlichen Sesseln, Tischen und Schränken aus Naturholz eine eigene Hausindustrie bildet. Besonders blüht diese Hausindustrie in den waldreichen Gegenden des Vorgebirges.

Es gibt auch Orte, wo sowohl kleine Drechslerarbeiten als auch Spielwaaren gemacht werden. Besonders zeichnen sich durch diese Hausindustrie Jaworów bei Lemberg und Kolbuszowa aus. Der letztgenannte Ort hatte eine altherkömmliche Möbeltischlerei, die sogar färbiges Holz zu Füllungen etc. anwendete. Die alten Kolbuszower Schränke und Schreibtische sind jetzt noch sehr gesucht. Kolbuszowa erzeugt jetzt meines Wissens nur kleine gedrechselte Hausgeräthe und verschiedenes Spielzeug. Diese Erzeugnisse sind im ganzen Lande sehr beliebt und werden auf allen Jahrmärkten und Wallfahrtsorten verkauft.

Die Holzschnitzerei tritt als Hausindustrie eigenthümlich bei den Huzulen, Kossower Bezirk, auf. Die Huzulen haben überhaupt einen eigenen Hang zum Aufputz und zur Verzierung. Haus, Thüre, Stube, alles Holzgeräthe wird mit

eigenartiger Schnitzerei verziert; Alles, sogar das Ochsen-
joch, der Holzstiel der Sense, die Kunkel, der Peitschenstiel
werden verziert, wobei ein eigenthümlicher tiefer Schnitt
angewendet wird. Eine berühmte Huzulen-Schnitzerfamilie,
namens Skryblaki, existirte in Jaworów, Bezirk Kossów,
deren Haupt Jurko Skryblak vor einigen Jahren gestorben
ist. Sie wendeten eine alte traditionelle Ornamentik an, die
ganz eigenartig war. Sie gebrauchten auch verschiedene
Gebirgshölzer, sowie messingene Stifte und Plättchen zur
Verzierung ihrer Erzeugnisse und haben ursprünglich Geschirr
für den eigenen Hausbedarf und den Bedarf der Dorfkirche
(Leuchter, Kreuze etc.) nach alten Mustern verfertigt. In der
neuesten Zeit geben ihnen leider unberufene Fremde ganz
unpassende Muster. Es ist Gefahr vorhanden, dass diese
sehr interessante Decorationsweise auf solche Art ganz ver-
dorben wird.

4. Erzeugnisse aus Stroh und Schilf. Wir haben
eben von der angeborenen Fertigkeit unserer ländlichen Bevölkerung im Flechten gesprochen. Diese Fertigkeit zeigt
sich auch in der Bearbeitung und Benutzung von Stroh.
Die ganze Dorfjugend männlichen Geschlechtes flicht Stroh,
hauptsächlich für Hüte, denn die allgemeine Kopfbedeckung
der Bauern ist in der wärmeren Jahreszeit der Strohhut. Er
hat auch seine Traditionen und ist sehr verschieden in Form
und Geflecht.

Aus ganz dickem und grobem Geflecht, zu dessen Ver-
bindung man entweder groben selbstgefertigten Spagat oder
Weidenruthen gebraucht, macht man verschiedenartige
Matten, der Form und der Grösse nach sehr verschiedene
Körbe, eine Art von kleinen flachen schüsselförmigen
Körben wie Schüsseln, in welche der Brotteig kurz vor dem
Backen zum weiteren Gähren vertheilt wird, ferner Gefässe

zur Aufbewahrung von feineren Getreidesorten. In vielen
Gegenden ist man auch in der Verfertigung von grossen
derartigen Gefässen aus Stroh und Weidenruthen sehr geschickt. Wo Schilf vorhanden ist, macht man Schilfkörbe,
Schilfmatten, Schilfdecken etc. Die langen schmalen Schilfkörbe (kobialki) sind überall gebräuchlich und werden in
teichreichen Gegenden den ganzen Winter hindurch verfertigt. Ihre Erzeugung bildet für diese Gegenden einen
wichtigen Zweig der Hausindustrie und sie werden in entlegene Gegenden ausgeführt.

    5. Thonindustrie. Fast die wichtigsten Geräthe in der
Hauswirthschaft sind der Kochtopf und die Essschüssel.
In ganz Galizien, vielleicht das Gebirge und das Vorgebirge
ausgenommen, kommt Töpferthon reichlich vor, so dass man
sich fast überall das für die Hauswirthschaft nöthige Geschirr
selbst erzeugen kann. Die Thonarten sind natürlich sehr
verschieden und stellen sich sowohl im Ausbrennen als auch
in der Erzeugung verschieden dar. Auch haben die Frauen
bezüglich der in ihrer Hauswirthschaft gebräuchlichen Ge
fässe Ueberlieferungen, Gewohnheiten und Anforderungen·

    Unsere Thonwaaren können in zwei grosse Gruppen
eingetheilt werden, in glasirte und unglasirte Erzeugnisse.
Es gibt auch noch eine Mittelgruppe, das sind Erzeugnisse,
welche theilweise, und zwar entweder nur innen oder
nur aussen glasirt, oder mit glasirter Ornamentik versehen
sind. Im Allgemeinen herrscht bei uns in Bezug auf diese
Thonerzeugnisse eine ungewöhnliche Mannigfaltigkeit so
wohl bezüglich der Form als auch bezüglich der Glasur,
Ornamentik etc. Bei diesen Producten muss natürlich auch
auf die Wirthschaftsverhältnisse, Bedürfnisse, Gewohnheiten
und Nahrungsweise der Bevölkerung Rücksicht genommen
werden.

Bei der Beschreibung dieser Erzeugnisse fragt es sich zunächst, in welcher Reihenfolge sie abgehandelt werden sollen. Für diese Notizen ist nicht Raum genug vorhanden, um diese Erzeugnisse nach einzelnen Landestheilen so zusammenzufassen, dass dadurch die Thonwaaren-Erzeugung einer bestimmten Gegend annähernd treu dargestellt wäre. Es wird vielleicht noch am meisten entsprechen, wenn man nur gewisse, jeder Gegend eigenthümliche Merkmale der Erzeugnisse angibt.

Wir beginnen mit den primitivsten, also unglasirten Erzeugnissen, welche bei uns Siwak (graues Geschirr) genannt werden. Der zu ihrer Erzeugung dienende Thon kommt bei uns, insbesondere in dem östlichen Theile des Landes sehr reichlich vor. Die Erzeugnisse sind grau, manchmal auch schwarz, von Grafit durchzogen, dessen Anwesenheit man sogar zur Erzielung einer Ornamentik, die jedoch oft sehr schwer zu entdecken ist, zu benützen sucht. Es ist dies eine bei den Hauswirthinnen am Lande sehr beliebte Art von Geschirr. Diese Erzeugung ist sehr alt. Die Form ihrer Producte weicht nicht sehr wesentlich von jener ab, welche die bei Ausgrabungen in vielen Gegenden zu Tage geförderten vorhistorischen Thonwaaren zeigen.

Betrachten wir zuerst das Kochgeschirr. Die Form der Kochgeschirre hängt am meisten von der localen Gebrauchsweise des Herdes ab. Vor Zeiten erwärmte die Stube ein umfangreicher Ofen oder ein riesiger Herd, auf welchem die Hauswirthin die Speisen kochte, wobei der letztere der Stube nebst der Wärme zugleich Licht verlieh. In diesem Herde brannte, der Landgegend entsprechend, verschiedenstes Brennmaterial: Holzklötze, Wurzeln, dicke Baumäste und dünnstes Reisig, Tannenzapfen und Nadeln, Stroh etc. Die

Form des Geschirres hatte man dem Hausherde und dem verwendeten Brennmateriale angepasst. Wo das Material leicht brennbar war und mit den Flammen das ganze Gefäss umfasste, da war das Geschirr stark bauchig, wie z. B. in Podolien, wo man früher immer und auch jetzt noch mit Stroh feuert, oder in der Nähe von Fichtenwäldern, wo man trockene, harzige Aestchen zur Heizung verwendet, wie z. B. in der Gegend von Rawa-Ruska, Potylicz etc. Wo man Speisen aus Kukuruzmehl kocht, hat man Töpfe von eigenthümlicher, stark bauchiger Form und breiter Mündung, um die Polenta leicht herauszukriegen. In neuester Zeit ändert sich mit der allmäligen Einführung der Koch- und sogenannten englischen Herde auch die Form der Kochtöpfe; sie sind weniger bauchig, haben aber dafür einen breiteren Boden. Diese Töpfe bezeichnet man mit den Worten: »nach neuer Mode«.

Eine hervorragende Rolle spielten die Topfdeckel (Topfstürzen). Sie wurden nämlich zum Uebertragen des Feuers, der Kohlengluth und nicht selten sogar statt der Schüsseln gebraucht.

Von ganz eigenthümlicher Form ist der Topf mit zwei Henkeln, der sogenannte Baniak; derselbe dient zum Kochen der Lauge, des Wassers und zum Auskochen der Hauswäsche. Ein wichtiges Geschirr ist auch die Reine (Tiegel, Reindl); es gibt deren viele Gattungen, auf Füsschen, ohne Füsschen etc.

In Gegenden, wo es viele kleine Städte mit Einwohnern mosaischer Religion gibt, ist ein eigenes Kaffeegeschirr gebräuchlich. Es ist dies ein niedriger Steinkrug (bańka) mit kurzem, engem Hals und breitem Boden. Man stellt denselben Freitag Abends in die Gluth, und der Kaffee erhält sich über den Sabbath warm. Ein wichtiges und bei uns ganz eigenes Geschirr ist die Makutra (Mohnreibetopf). Dies ist eine tiefe Schüssel und dient vorzugsweise zum Mohn-, sogar zum Hanfsamen-Reiben, zum Zerreiben des Käses etc. Ein ganz eigenartiges Geschirr sind auch die »Zwillinge«, einfach zwei zusammengesetzte Töpfe. Sie dienen vorwiegend zum Tragen von Speisen und sind fast im ganzen Lande verbreitet.

Wir finden ferner eine ganze Reihe Milchgefässe: Milchtöpfe (Hladyszek), gross mit zwei Henkeln, klein mit einem Henkel; Krüge von verschiedener Grösse und Form. Graue Krüge (Siwak-Krüge) gebraucht man bei uns vorwiegend als Wassergefäss; solche kleinerer Gattung (Siwaki-bańki) dienen zur Aufbewahrung von Oel etc. Diese Steinkrügel (bańki) werden in verschiedenen Gegenden auch sehr verschieden erzeugt. Schwarze Schüsseln und Schüsselchen sind auch stark im Gebrauch. Es gibt Gegenden, wo nur die Siwak (Graugeschirr) erzeugt werden, wie z. B. die Gegenden von Olesko, Złoczów, Załozce, Wojnilów, Tyśmienica; bei Kolomea (im Dorfe Kułaczkowce) und bei Borszczów (z. B. in den Dörfern Torskie, Bedrykowce etc.). Diese Siwak-Erzeugnisse sind bei uns die ältesten Producte der Topfindustrie.

Es gibt Gegenden, in welchen neben der verbesserten Fabrication von glasirten und bemalten Töpfen sich auch diese alte Topferzeugung bis jetzt erhalten hat, z. B. in Łahodów bei Brody, in Sokal am Bug, in Kossów an der Bukowinaer Grenze etc. Im Husiatyner Bezirke gibt es Ortschaften, in welchen die Siwak mit Ornamenten aus farbigem Lehm verziert werden. Auch gibt es Gegenden, in welchen man unglasirtes Geschirr erzeugt, welches nach dem Brennen eine rothe Farbe erhält. Ein solches Geschirr erzeugten noch bis vor kurzer Zeit alte Töpfer in Kolomea; man macht es jetzt noch in den Gegenden von Stanislau, bei Borszczów,

Skałat etc. Dieses rothe Geschirr (besonders Töpfe) ist entweder glatt, oder mit Ornamenten aus aufgelöstem, verschiedenfarbigem Lehm versehen. Auch die Formen sind interessant. In den Bezirken Rawa-Ruska und Żółkiew erzeugte man und erzeugt jetzt noch unglasirtes, gelblichweissliches Geschirr, z. B. in Glińsk, Dziewięcierz etc. In denselben Ortschaften erzeugt man inwendig glasirte Kochtöpfe. Wir kennen sehenswürdige Muster von ähnlichen, inwendig glasirten und auswendig ganz roh aussehenden Töpfereierzeugnissen aus Mikolajów bei Żydaczów unweit von Lemberg.

Charakteristische Thonerzeugnisse gibt es im Chrzanówer Bezirke unweit von Krakau. In jener Gegend finden sich Schichten von feuerfesten Thonarten vor. Aus denselben wird dort ein entweder ganz oder theilweise gelb glasirtes Geschirr erzeugt. Einst erzeugte man dort weissliches Geschirr, besonders Krüge, aber nur ausgebrannt. Ferner macht man dort ein Geschirr aus gewöhnlichem Lehm, theils nur inwendig glasirt, theils mit Ornamenten, welche in der Form der Ziffer 8 auf unglasirtem Geschirr mit brauner Glasur gemalt werden. Man heisst dieses dann »Töpfe mit Blumen«, deren Form auch der dortigen Gegend eigen ist. In Alwernia, einer Ansässigkeit bei Poremba, die zumeist von Töpfern bewohnt ist, wird von altersher diese Töpferwaaren-Hausindustrie betrieben, an der alle Hausgenossen mitwirken. Die Erzeugnisse, primitiv und originell, benöthigen, um concurrenzfähig dem Markte in Krakau zugeführt zu werden, heutzutage fachlicher Anleitung der Arbeiter. Die Gemeinde selbst zählt in Alwernia, das auf einer bedeutenden Anhöhe liegt, an 500 Einwohner, zumeist Töpfer, leidet aber bei der hohen Lage am Berge im Allgemeinen an Wassermangel. Deshalb wurde eine vom Landesausschusse jüngst angelegte Töpferei-Fachschule in der Thalsohle von Poremba-Zegota errichtet. Die Bevölkerung ist in der ganzen obengenannten Umgebung mit der Töpferei sehr vertraut. Die Erzeugnisse werden vom Landvolke in umliegenden Marktflecken gekauft. In Krakau und grösseren Städten wird vielfach glasirte sächsische Waare zu Markt gebracht, die als Emailgeschirr Absatz hatte, aber in nicht ferner Zukunft vom Markte verdrängt werden dürfte, wenn Poremba und Umgebung, fachlich angeleitet, glasirtes oder Emailgeschirr produciren wird, dessen bisherigen Import nur der niedrige Eingangszoll begünstigte.

Aehnliche Erzeugungen rohen, unglasirten und nur mit Glasur-Ornamenten versehenen Geschirres findet man im Bezirke Rudki und Mosciska.

Glattes, glasirtes Geschirr ohne Ornamente wird bei uns in sehr vielen Ortschaften erzeugt. Die Erzeugnisse aus den Gegenden von Saybusch, Zywiec zeichnen sich durch die Güte der Glasur, guten Brand und Leichtigkeit aus. Die Glasur ist inwendig dunkelgrün, auswendig fast schwarz.

Wir kommen nun zu den in dieser Beziehung interessantesten Producten, zu den glasirten und bemalten Töpfer-Erzeugnissen. Dieser Theil unserer Hausindustrie würde einen besonderen Abschnitt in der Beschreibung der letzteren erfordern. Wir können hier nur im Allgemeinen sagen, dass in diesem Gewerbszweige eine grosse Mannigfaltigkeit in Bezug auf die Technik der Erzeugung und besonders in Bezug auf die Motive der Ornamentation herrscht. Und hier tritt das, was in der Einleitung gesagt wurde, ganz besonders zu Tage; die Verschiedenheit der Abstammung unserer Landbevölkerung und damit die Mannigfaltigkeit der Ueberlieferungen und Gebräuche erklären die Verschiedenheit der Ornamentation und Formen in dem für den gewöhnlichen Gebrauch erzeugten Geschirre.

Die Sitte und Ueberlieferung und nebstbei auch der Conservativismus erhielten sowohl die Form als auch die Ornamentik der von Gross- und Urgrossvätern gebrauchten Gefässe. Wir sehen hier wieder zwei Strömungen, die östliche und die westliche.

Den westlichen Einfluss in der Ornamentik und sogar in der Form, z. B. der Krüge, stellen vor Kolaczyce, Brzostek und die Gegenden der Bezirke Jaslo und Pilzno. In Kolaczyce ist das Geschirr glatt, sogenannt roth, oder wie mit einem Grabstichel verziert, auch eigenartig bemalt; in Brzostek erzeugte man vorwiegend schwarzes, ebenso bemaltes Geschirr. Die letztgenannten Orte sind alte Töpferansiedlungen. Eine charakteristische Ornamentik haben die Erzeugnisse aus dem Bezirke Myślenice. Fast jeder Bezirk hat sein eigenes Kennzeichen in der Ornamentik. Es sei hier nur noch der wichtigsten Ortschaften Erwähnung gethan, in welchen vielleicht der westliche Einfluss am meisten zum Vorschein kommt; das sind die Bezirke Drohobycz, Stare-Miasto und Sokal am Bug, in welch' letzterer Ortschaft sich die Ueberlieferung von Oefen mit bemalten Kacheln erhalten hat. Dieses am Bug gelegene Städtchen, welches einst einen nicht geringen Handel mit Danzig betrieb, bewahrte in den Töpfer-Erzeugnissen noch Reminiscenzen alter Verhältnisse. Die Thonwaaren aus der Gegend von Brody zeichnen sich durch Ornamentik und Glasur aus, welche man heute in dem deutschen und französischen Volksgeschirr angewendet finden kann. Je weiter gegen Osten, desto mehr beginnt die an das Morgenland erinnernde Ornamentation, und zwar tritt bei uns die sogenannte Nelke auf. Indem ich ihre Herkunft unberührt lasse, muss ich hier jedoch anführen, dass sie auch in Geweben, z. B. auf alten persischen Makaten, auf unseren alten polnischen Leibbinden der Nationaltracht wiederholt vorkommt. Dasselbe Decorations-Motiv zeigt sich auf alten, auf der Insel Rhodus und in Persien gefundenen Gefässen. Wir begegnen diesem Grundzuge schon von Brzeszany angefangen fast überall auf dem glasirten und bemalten Geschirr, vorwiegend auf Schüsseln in Kolomea, Touste, Sniatyn etc. Es tritt hier ferner ein Geräth auf, welchem wir im Westen begegnen, das ist ein grosser, gewöhnlich verzierter Leuchter für grosse Kerzen, welcher für die griechisch- oder für die römisch-katholische Kirche bestimmt ist. Man erzeugt denselben heutzutage in Brzeszany, Kossów, Sniatyn, Pistyn etc. Eine ganze Reihe von Bezirken, wie: Brzeszany, Skalat, Husiatyn, Kossów, Borszczów, haben ihre eigenen Ornamente und ihre specielle Form. Ich erwähne von diesen Bezirken nur zwei sehr charakteristische Ortschaften, d. i. Kossów und Kopeczynce.

Bachminski in Kossów zeichnete sich durch seine Erzeugnisse aus. Auf der Ausstellung zu Kolomea erregten die Erzeugnisse desselben allgemeine Aufmerksamkeit. Alle seine Producte hatten ihren eigenen Typus; als Muster dienten ihm Erzeugnisse des Gross- und Urgrossvaters und er hielt an den alten Ueberlieferungen bis an sein Lebensende fest. Er erzeugte Krüge, Schüsseln, Leuchter von verschiedener Grösse für die griechische und römische Kirche und bemalte Krüge. Leider ist Bachminski vor einigen Jahren gestorben. Die Ueberlieferung aber dauert fort. Wir erwähnen hier auch Erzeugnisse anderer, heute noch lebender Töpfer aus Kossów. Interessant ist die Thatsache, dass Kossów seine eigenthümliche alte Töpferei-Ueberlieferung besitzt.

Eine merkwürdige Töpferortschaft ist auch Kopeczynce bei Husiatyn, welche auch ihre Ueberlieferung in einer sehr mannigfachen und eigenartigen Glasur und Ornamentation hat.

6. Erzeugnisse aus Stein. In sehr vielen Gegenden Galiziens bestehen Steinbrüche von Sandstein, Gyps und Alabaster, Marmor und Porphyr etc. Daselbst gibt es auch Bauern, die sich mit der Bearbeitung dieses vorhandenen Materials befassen und die Steinmetzarbeiten als Hausindustrie betreiben. Fast in ganz Galizien ist es Sitte, dass man bei gewissen Familienereignissen im Dorfe oder auf den Wegen, besonders an Kreuzwegen, Crucifixe, Heiligenfiguren, kleine Kapellen etc. aufstellt. In Waldgegenden macht man diese Objecte aus Holz; dort wo Steinbrüche vorhanden sind, liefern diese das Rohmaterial für solche Gegenstände, deren Erzeugung hausindustriell betrieben wird. Natürlich wird das Alles nach der Tradition der Gegend gemacht. Ein berühmter Steinbruch ist in Trembowla; dort werden Schleifsteine für Sensen in Massen gemacht und sogar in entlegene Gegenden ausgeführt. Berühmte Gyps- und Alabasterbrüche sind in Brzozdowce, Bezirk Bóbrka, wo Tischplatten und kleinere Gegenstände verfertigt werden. Brüche von sehr verschiedenfarbigem Marmor und auch Porphyrbrüche finden sich in der Gegend von Krakau und Krzeszowice, wo sich auch kleine Orts-Hausindustrien gebildet haben.

7. Erzeugnisse aus Metall. Wir haben gesehen, dass, Salz ausgenommen, das Metall das einzige Product war, welches sich der Bauer für baares Geld anschaffen musste. Er trachtete selbstverständlich, dasselbe überall, wo es nur möglich war, durch ein anderes Material zu ersetzen. Für seine Tracht und die seiner Familie brauchte er nichts aus Metall, höchstens einen Brautring, Medaillons von Heiligen, Messer und Nadeln. Das Alles, sowie auch Kattuntücher für die Weiber nach dem in der Gegend traditionell getragenen

Muster, Glasperlen und sonstige Kleinigkeiten brachte ihm ein Hausirer in's Haus, und zwar nicht für baares Geld, sondern im Tauschhandel. Dafür verlangte er nämlich Knochen, besonders aber alte Leinwandlappen, unbrauchbare Stücke von Leibwäsche aus Leinwand; manchmal war ihm auch ein Kalbsfell, ein Fell von jungen Schafen, ein Marder-, Iltis- oder Hasenfell sehr erwünscht. Und ohne baares Geld auszugeben, erhielt der Bauer Kleinigkeiten aus Metall, welche er für sich und seine Familie brauchte, manchmal auch Messer und Nähnadeln »umsonst«. Wie man sich leicht denken kann, war bei diesem Tauschhandel nicht der Bauer der Begünstigte.

Das Bedürfniss nach Eisen konnte man zwar öfters einschränken, aber ganz entbehrlich war dieses Metall doch nicht; dagegen wurden andere Metalle nicht benöthigt. Es gab überall einen Dorfschmied, der das Eisen besorgte, Hacken, Pflugeisen, Sensen, Sicheln, Sägen schärfte u. s. w. Wenn dieser Dorfschmied noch für die Herrschaft arbeitete, war er gewöhnlich eine wichtige Persönlichkeit im Dorfe. Er konnte die Pferde nicht nur beschlagen, sondern auch curiren, kleine Schlosserarbeiten verrichten u. s. w. Diese Dorfschmiedekunst war sehr oft erblich und ging vom Vater auf den Sohn über.

Es gibt noch Gegenden, wo sich eine Hausindustrie vorfindet, welche aus Metall, hauptsächlich aber aus Eisen eigenthümliche Erzeugnisse, und zwar seit alter Zeit verfertigt. So finden wir in der Gegend von Krakau die Dörfer Swiątniki, Bezirk Wieliczka, und Sulkowice, Bezirk Myślenice. In dem erstgenannten Dorfe treffen wir eine sehr alte Hausindustrie, die sich mit der Erzeugung von Vorhänge-schlössern befasst. Diese Vorhängeschlösser wurden im ganzen Lande zum Verkaufe herumgetragen. In Sulkowice wieder ist eine alte Colonie von Schmieden, welche Nägel und verschiedene kleine Werkzeuge aus Eisen verfertigen.

Herr Dr. Ferdinand Weigel lieferte uns über die Eisen verarbeitende Hausindustrie im Krakauer Gebiete folgende Daten:

Świątniki-górne — links von der Chaussée nach Wadowice bei Mogilany — $2\frac{1}{2}$ Meilen von Krakau entfernt und dem politischen Bezirke von Wieliczka angehörig, ist ein auf beträchtlicher Höhe gelegener, mit seinen zwei Kirchthürmen schon aus der Ferne sichtbarer Marktflecken mit circa 270 Hausnummern, an 400 Gehöften und mit einer Bevölkerung von 1880 Seelen. Die Einwohner betreiben fast ausschliesslich Schlosserei als Hausindustrie, deren Errichtung nach Einigen in das Jahr 1074, nach Anderen in das 14. Jahrhundert zurückgreift — Bischof Stanislaus Szczepanowski (1071 — 1079) soll durch Heranziehung gelernter Schlosser dieser Ansässigkeit zu ihrem Entstehen verholfen haben. Noch jetzt thun arbeitsunfähige ältere Leute aus diesem Orte Kirchendienste in der Schlosskirche am Wawelberge in Krakau um das Grab des heiligen Stanislaus (1071—1079 Bischof der Krakauer Diöcese) und erhalten sich aus einer Stiftung der Königin Hedwig im 14. Jahrhundert, welche den Schlossern in Świątniki daselbst kleine Grundstücke anweisen liess. — In meist ärmlichen Häuschen arbeiten, in kleine Stuben — zugleich Werkstätten — gedrängt, der ganze Familienstand und alle Hausgenossen im Schlosserfache, welches sie seit Jahrhunderten, vom Vater auf den Sohn vererbt, betreiben. Die Leute verrathen für alle in das Schlosserfach einschlagenden Arbeiten eine geradezu angeborene Findigkeit und Geschicklichkeit. Sie erzeugten im Mittelalter Panzerhemden, Rüstungen, Speere und Lanzen, später eiserne Bettstätten (Cavalets etc.); gegenwärtig produciren sie jedoch vorzugsweise nur Vorhängschlösser mit der Hand unter Anwendung der primitivsten Werkzeuge. Hin und wieder besitzt Einer eine kleine selbst eingerichtete Schleiferei oder Drechslerei neben seinem gewöhnlichen Amboss und Schraubstock. Durch Ansiedlung in den benachbarten Dörfern, Verheiratung in der Nachbarschaft u. s. f. verpflanzte sich diese Hausindustrie allmälig in die umliegenden Ortschaften Siepraw, Rzeszotary, Wrzosowice, Olszowice u. s. w. bis Mogilany, so dass sich gegenwärtig an 2500 Arbeiter mit dieser Hausindustrie befassen.

Doch litt dieselbe in den letzten 2—3 Decennien ausserordentlich unter der Concurrenz von Fabriksschlössern aus Remscheid und Iserlohn in Westphalen, welche Erzeugnisse die hiesige Waare gänzlich zu verdrängen drohten.

Einst vertrieben die Świątniker Schlosser ihre Erzeugnisse (zunächst Vorhängeschlösser) in der ganzen Monarchie, handelten nach der Türkei, den Donaufürstenthümern, der Levante u. s. w. Man traf hausirende Verkäufer dieser Waare — wie die Rastelbinder — fast in allen grösseren Städten herumziehend, an einem über die Achsel gelegten Riemen Schlösser aller Art tragend und diese um Spottpreise zum Verkaufe anbietend. Ein Dutzend kleiner Schlösser zu Reisetaschen und dergleichen kostete 50 kr. und aufwärts.

Mit dem Aufschwunge, den die Hausindustrie durch die Fürsorge der Regierung und des Landes, Errichtung gewerblicher Fachschulen u. s. w. nahm, begann auch für Świątniki eine Wendung zum Besseren. Unter Minister Banhans erhielten drei Arbeiter aus Świątniki vom Handelsministerium Jahres-Subventionen à 600 fl. aus Staatsmitteln. Zwei von ihnen bewährten sich. Der eine lernte im Wertheim'schen Cassenfabriks-Etablissement Schlüssel zu feuerfesten Schränken schmieden und verpflanzte das Erlernte, nach Hause zurückgekchrt, in seine Heimatsgemeinde, was die Sicherheit der Schlösser und die Güte des Erzeugnisses beträchtlich hob. Der Andere lernte im Etablissement Albert Milde (Wien) Verschiedenes im Fache der Bauschlosserei und verschaffte dem Gelernten ebenfalls Eingang in die Heimatsgemeinde. Thürklinken und Thürangeln, Fensterbeschläge, Riegel, Haken u. s. w. werden seither fortschrittlicher bereitet. Ein Kaufmann in Krakau beschäftigt die Leute ebenfalls mit Bestellungen nach verschiedenen Mustern. Ein Anderer versuchte die fabriksmässige Erzeugung in Świątniki, fand aber dabei seine Rechnung nicht.

Seit September 1888 besteht daselbst eine k. k. gewerbliche Fachschule, vom Unterrichtsministerium errichtet und vom galizischen Landesausschusse sehr beträchtlich gefördert, welcher die Realität zur Errichtung der Fachschule sammt Werkstätten aus Landesmitteln ankaufte und der Regierung zur Benützung übergab.

Im October 1889 wurde ein beträchtlicher Theil der Ortschaft durch einen zur Nachtzeit entstandenen heftigen, durch einen orkanartigen Sturm gesteigerten Brand vollends eingeäschert. Die ohnehin sehr armen Leute verfielen in die äusserste Noth. Hungertyphus und Krankheiten aller Art suchten die bedrängte Bevölkerung heim. Doch that die öffentliche Mildthätigkeit besonders viel für die Abbrändler mit Lebensmitteln, Kleidung, Wäsche und Baargeld, so dass mit dem beginnenden Frühjahr der Wiederaufbau der abgebrannten Häuser und die Wiederaufnahme der genannten Hausindustrie in vermehrtem Umfange zu erwarten steht. Der wohlthätige Einfluss der Fachschule wird alsdann zur Vervollkommnung der Erzeugnisse und Erziehung einer fachlich vorgebildeten Jugend beitragen.

Die Einwohner von Sułkowice bei Isdebnik, Wadowicer Gebiet (Bezirk Myślenice), einer Besitzung Sr. kais. Hoheit Erzherzog Rainer, und der nächsten Umgebung, zusammen an 2500 Arbeiter, betreiben als Hausindustrie aus dem 17. Jahrhundert her das Schmiedehandwerk in grossem Massstabe, namentlich die Nagelindustrie; dann die Haken-, Bankeisen-, Ketten-, Pflüge-, Eggen-, Heu- und Mistgabel-Erzeugung, verfertigen Rechen, Canalgitter, Anker, Schaufeln, Krampen, Zangen, Schubkarrenbeschläge etc., kurz eine Menge Erzeugnisse im Schmiedefache.

Die Bevölkerung, sehr arbeitsam — Männer und Frauen sammt allem Hausgesinde — beschäftigt in 100 Schmieden von zwei und mehr Schmiedefeuern über 4000 Hände. An schwere Arbeit gewöhnt, arbeiten sie fleissig und ausdauernd, wenn nöthig Tag und Nacht, in der Regel von vier Uhr Morgens bis acht Uhr Abends, bei Bestellungen grösserer Art auch bis zwei Uhr Früh. Sie verarbeiten jährlich wenigstens an 800.000 bis eine Million Kilogramm Eisen; ihre Schienen- und Sperrnägel bilden eine vorzügliche Waare, aus Oberschlesien erfolgen Anfragen wegen Bestellungen mehrerer Millionen 16 bis 18 Zoll langer Plätten-, Schienen- oder Sperrnägel. Auch hier beabsichtigt die Regierung, eine Musterwerkstätte zu errichten und durch Aufstellung mechanischer Motoren die rohe Bearbeitung zu erleichtern. Eine Vorschusscasse, die sich als Genossenschaft mit beschränkter Haftung registriren liess und vom Landesausschusse sehr ausgiebig subventionirt wird, ist bestimmt, Crediterleichterungen zu schaffen und die unbeholfene Bevölkerung des Ortes vor Uebervortheilung durch Speculanten zu schützen.

Es gibt noch, hauptsächlich im Vorgebirge, Ortschaften, wo man eigenthümliche Hacken mit langen Stielen, sogenannte »Toporki« erzeugt, welche auch als Spazierstöcke gebraucht werden.

Nur die Huzulen haben ihre eigene, sehr originelle Metall-Hausindustrie, indem sie den zu ihrer Tracht nöthigen Schmuck aus Messing herstellen. Der Hauptschmuck der Huzulen, besonders der Frauen, waren Kreuze, gewöhnlich von verschiedener Grösse, an einer Kette reihenweise angehängt. Die Männer tragen gewöhnlich ein grösseres Kreuz auf der Brust an einer Kette. Alle diese Schmucksachen der Huzulen sind aus Messing; sie hier aufzuzählen und zu beschreiben, wäre zu weitläufig. Alle diese Gegenstände erzeugen die Huzulen selbst nach althergebrachter Sitte. Sogar Pistolen- und Gewehrläufe aus Messing giessen sie selbst.

8. Frauenarbeit. Verschiedenes. Welche Erzeugnisse unserer Hausindustrie wir hier in die Kategorie der eigentlichen Frauenarbeit aufnehmen sollen, ist sehr schwer zu entscheiden; denn fast bei allen Erzeugnissen unserer Hausindustrie gibt es auch Frauenarbeit. Wir glauben hier nur jene Frauenarbeit erwähnen zu sollen, bei welcher das ganze Product ausschliesslich von Frauenhänden verfertigt wurde. Wir werden nur die Haupterzeugnisse der Frauenhand kurz erwähnen, denn es würde uns zu weit führen, wollten wir auch verschiedene locale kleine Frauen-Handarbeiten besprechen.

In erster Linie müssen wir die weissen und bunten Stickereien, die in sehr vielen Gegenden von Podolien, am Dniester und am Pruth an Hemden getragen werden, erwähnen. Ganze Aermel und auch öfters die Vorderseite des Hemdes wird mit Stickerei geziert.

Die Stickereien unterscheiden sich sehr in Muster, Technik der Ausführung etc.

Wir finden in dem Werke, welches das städtische Gewerbe-Museum in Lemberg herausgegeben hat, eine sehr interessante Sammlung von solchen Stickereimustern. Ueber den Ursprung dieser Stickerei und der ihr zu Grunde liegenden Muster haben wir bereits gesprochen. Diese Stickereien machen die Weiber aus buntem Zwirn oder bunter Wolle, welche sie selbst mit ihren eigens präparirten Farbstoffen gefärbt haben. Diese bunten Stickereien sind vollkommen waschecht, äusserst dauerhaft und sehen immer frisch und hübsch aus. Jetzt benützt man zum Färben Anilinfarben, oder man kauft mit Anilinfarben gefärbten Zwirn und Wolle, die im Anfange sehr grell aussehen, aber weder dauerhaft sind noch in den alten Mustern die alte, angenehme Farbenharmonie zeigen.

Frauen- und Männergürtel. Wir haben bereits gesagt, dass Gürtel sowohl in der Frauen- als in der Männerkleidung eine grosse Rolle spielen. Es gibt Gegenden, wo Frauen auf kleinen Handvorrichtungen schmale Streifen — eine Art von Flechtarbeit — aus bunter Wolle erzeugen. Auch machen sie breitere Gürtel für Männer aus einfärbigem rothen oder blauen Zwirn oder Wolle. Diese Männergürtel werden auf einer eigenen Vorrichtung und in einer speciellen Technik gemacht.

Frauenhauben. Im ganzen Lande ist es Sitte, dass man gleich nach der Trauung der jungen Frau die Haare abschneidet und ihr eine Haube aufsetzt. Diese Hauben werden auch von Frauen gemacht. Sie sind gewöhnlich aus weissem Leinenzwirn in ähnlicher Weise wie die Männergürtel auf einer besonderen Vorrichtung erzeugt. Sie sind auch eine Art Geflecht mit eigenthümlichen Dessins. In einer Gegend in Prceworsk, Bezirk Łancut, machen und tragen die Frauen solche Hauben aus grüner Seide. Die Frau trägt diese Haube ihr ganzes Leben hindurch.

Spitzen-Erzeugnisse. Die Fertigkeit im Flechten bei unserer ländlichen Bevölkerung, die wir schon erwähnt haben, zeigt sich häufig auch in der Spitzen-Fabrication, z. B. in Robova, Bezirk Hrybow, und in letzter Zeit haben sich Staat, Land und auch Privatpersonen, besonders Damen, um die Hebung dieser Hausindustrie Verdienste erworben.

Erzeugnisse aus Glasperlen, Hierdany-Fabrication. Es sind Gegenden in Ostgalizien, wie im Kossower, Kolomeaer, Sniatyner etc. Bezirke, wo die Weiber eine Art Colier von kleinen Glasperlen, die auf Bändern aufgenäht sind, tragen. Sie machen eigenthümliche Muster, manche von merkwürdiger Feinheit und Zartheit.

Ostereier. Eine sehr charakteristische hausindustrielle Frauenarbeit ist das Färben und Bemalen der Ostereier. Der Gebrauch der farbigen Ostereier ist bei uns allgemein. Es gibt davon zwei Gattungen: mit einer Farbe ohne Muster gefärbte (Kraszanki); dann mit mehreren Farben und mit verschiedensten Mustern bemalte (Pisanki, die Geschriebenen). Diese beiden Gattungen wechseln nach den verschiedenen Orten. Es gibt z. B. Gegenden, wo die bunt bemalten Ostereier üblich sind, und dicht dabei liegt ein Dorf, wo nur einfach gefärbte vorkommen.

Die Muster sind von einer bewunderungswürdigen Reichhaltigkeit und Mannigfaltigkeit. Man findet in einem und demselben Dorfe die grösste Verschiedenheit in Muster und Farbe. Jedoch haben gewisse Gegenden ihren eigenthümlichen Typus. Es ist wahrhaftig manchmal überraschend, wie so ein altes Bauernweib mit grober Hand diese oft so feinen Muster ausführen kann. Die Muster gehen natürlich von der Mutter auf die Tochter über, und es liegt in ihnen ein Schatz alter nationaler und volksthümlicher Ornamentik.

Zum Schluss dieser Aufzählungen unserer Hausindustrien muss ich bemerken, dass es noch viele locale Hausindustrien gibt, doch es ist mir unmöglich, alle ihre Producte hier zu erwähnen. Ich will nur noch einige Worte über die Seiler-Erzeugnisse sagen. Stricke, Spagat etc. aus Flachs und Hanf macht man sich fast in jeder Haushaltung selbst. In sehr vielen Gegenden, an Flüssen und Teichen machen sich die Fischer ihre Netze selbst. Die Netze-Fabrication ist zumeist eine Lieblings-Winterbeschäftigung alter Leute. Man benutzt die Netze öfters zur Aufbewahrung von Speisen etc. Es gibt Ortschaften, wo die Seilerei seit uralter Zeit als Hausindustrie betrieben wird. Ein durch seine Netze-Fabrication berühmter Ort ist das Städtchen Radymno, Bezirk Jaroslaw, wo jetzt verschiedene Seiler-Erzeugnisse in vorzüglicher Qualität producirt werden.

Nach diesen, nichts weniger als erschöpfenden Betrachtungen, und trotz der nur sehr flüchtigen und oberflächlichen Beschreibung unserer Hausindustrie und des Wesens ihrer Erzeugnisse kann man sich doch eine Vorstellung von ihrer ganzen Wichtigkeit für den Wohlstand und für die wirthschaftliche Entwicklung unserer ländlichen Bevölkerung, unseres Bauernstandes machen.

Wenn man die alte traditionelle Kleidung unserer Bauern betrachtet, so findet man, dass sie für unser Klima und für die Hauptbeschäftigung im Freien, bei der Landwirthschaft, unter allen Verhältnissen vortrefflich passt und die Gesundheit schützt. Hohe Stiefel aus starkem Leder, mit Theer oder Fett gut geschmiert, breit, damit man im Winter den Fuss mit Stroh oder Leinwandstücken gut umwickeln kann, halten die Wärme und beschützen den Fuss vor kalter Feuchtigkeit. Hemd und Hose aus grober starker Leinwand, bequem gemacht, beschützen den Körper. In ungünstiger Jahreszeit werden die unteren Enden der Hose in die Stiefeln gesteckt und ein langer breiter Rock von grobem, zu Hause gewebtem und dann noch in der Wassermühle gut gestampftem Tuche angezogen, welcher von einem Gürtel, gewebt oder aus Leder, zusammengehalten wird. Der Schafspelz endlich, über welchen auch ein Gürtel kommt, beendigt den Anzug. Den Pelz trägt man gewöhnlich fast das ganze Jahr hindurch, besonders bei Nacht. Die Bauernröcke haben gewöhnlich hinten eine Kapuze, die bei Regen und Wind über den Kopf gezogen wird. Bei schlechtem Wetter nehmen sie noch eine Decke (die wir bei der Textilindustrie beschrieben haben) auf die Schultern. Die Weiber kleiden sich sehr ähnlich und tragen im Winter hohe Stiefel, warme, aus Wolle verfertigte Ueberröcke, Leibchen etc. und über dem Pelze sehr oft noch den Tuchrock und am Kopfe sehr viele Tücher. Natürlich sprechen wir hier nur von den Hauptbestandtheilen der Bauerntracht, denn es herrscht hier, wie wir gesehen haben, nach den Gegenden die grösste Verschiedenheit in Form, Farbe etc., aber die Hauptbestandtheile bleiben doch dieselben. Die Schafsmütze wechselt im Sommer mit dem selbstgemachten Strohhut, der den Kopf gegen die Sonnenstrahlen schützt und der Transpiration nicht hinderlich ist. Die ganze Tracht ist aus eigenen Producten gemacht, ist sehr billig und für unsere Verhältnisse sehr praktisch und entspricht dem alten Brauche. Diese Bauerntracht hat noch den grossen Werth, dass sie allgemein getragen wird. Der Hauswirth sitzt mit seiner ganzen Familie und seinen Feldarbeitern, die meistens auch zur Familie oder zu seinen nächsten Nachbarn gehören, bei gemeinschaftlicher Schüssel; Alle in ihrer traditionellen Dorftracht gleich gekleidet, mit dem Holzlöffel in der Hand bei derselben Speise.

Mit der Tracht und diesen patriarchalischen Sitten und Gebräuchen hängt aber unsere Hausindustrie auf das Innigste zusammen. Es gibt jetzt leider viele Gefahren, die ihr drohen. Der Bezirks-Steuereinnehmer sucht natürlich die Steuer-Einnahmen seines Bezirkes von Jahr zu Jahr zu vermehren und auch den Ausweis zu liefern, dass sich die Zahl der Gewerbetreibenden in seinem Bezirke vermehrt habe. Deswegen lauert er jedem Bauer, jeder Hausfrau auf den Wochen- und Jahrmärkten, wo sie die Erzeugnisse ihrer Hausindustrie zum Verkauf bringen, auf und trachtet sie noch als Industrietreibende in die Kategorie der Steuerpflichtigen zu bringen. Die Furcht, als Gewerbetreibende aufgezeichnet zu werden, ist auf dem Lande so gross, dass es manchmal sehr schwer ist, den Namen Desjenigen zu erfahren, der den zum Verkauf ausgebotenen Gegenstand der Hausindustrie verfertigt hat, denn er fürchtet immer den Steuereinnehmer.

Eine nicht mindere Gefahr für die Zukunft unserer Hausindustrie ist die gewerbliche und artistische Fachschule. In unserer Hausindustrie muss man zwei sehr wichtige Elemente unterscheiden: das rein technische, gewerbliche, industrielle Element und das ethnographische, nationale und volksthümliche, bäuerliche Element. Um aber diese Elemente verstehen, erkennen und unterscheiden zu können, muss man unsere ländlichen Verhältnisse gründlich, und zwar aus eigener Anschauung kennen und unseren Bauernstand hoch in Ehren halten. Aber man muss auch auf unser Kleingewerbe Rücksicht nehmen; unser Kleingewerbe ist, wie wir zu zeigen bestrebt waren, hauptsächlich aus unserer Hausindustrie entstanden und behält noch jetzt in vielen Gegenden viel von den alten Traditionen.

Die Fachschulleitungen und die Lehrer müssen in erster Linie überzeugt sein, dass die Fachschulen für dieses Land, für diese Verhältnisse, für diese Bevölkerung errichtet sind. Nach dieser Erkenntniss wird man einsehen und begreifen, dass man zuerst die Traditionen, die Gewohnheiten der Bevölkerung berücksichtigen muss. Wenn man unbefangen, unparteiisch und gewissenhaft Studien und Forschungen sowohl in unserer Hausindustrie, als auch in den Sitten und Gebräuchen unserer Bevölkerung macht, und wenn man diese Forschungen im Schloss und Kloster, in Stadt und Städtchen, in der Bauernstube und in der kleinsten Dorfkirche fortsetzt, wird man überall Spuren alter Cultur finden, alte, oft sehr werthvolle, aus verschiedenen Ländern und Epochen stammende Kunstmotive entdecken, z. B. orientalische Muster und Motive, die sich vielleicht hier noch durch Tradition erhalten haben, während in dem eigentlichen Vaterlande mitunter schon lange dem Neuen Platz gemacht wurde. Aus dem Gesagten wird man ersehen, dass eben alle diese Kunst-Erinnerungen, alle diese alten traditionellen Formen und Muster, die wir noch in unserer Hausindustrie vorfinden, den Erzeugnissen dieses eigenthümliche, originelle Gepräge geben, welches die Gegenstände auch für den Fremden erwünscht macht. Dieses Eigenthümliche, Originelle in den Erzeugnissen unserer Hausindustrie in Form und Muster beizubehalten, muss als unbedingte Pflicht einer jeden Fachschulleitung im Lande aufgestellt werden, deren Hauptaufgabe somit die Verbesserung der Technik bleiben muss.

Ich unterschätze die Schwierigkeit dieser den Fachschullehrern gestellten Aufgabe, bei ihrem Wirken ausschliesslich die Verbesserung der Technik im Auge zu behalten und das, was sie aus ihren Bildungsschulen an artistischer Schablone mit gebracht oder sich selbst angeeignet haben, zu vergessen und höchstens nur daran zu denken, wie die verbesserte Technik den einheimischen Motiven und Rohproducten anzupassen sei, nicht; dies erfordert eben eine scharfe Beobachtung der Verhältnisse und einen höheren Grad allgemeiner Bildung, der nicht Allen, welche sich dem gewerblichen Lehrfache widmen, zugänglich sein kann. Es muss die Aufgabe derjenigen Institute und Lehranstalten sein, welche die Fachschullehrer auszubilden haben, ihren Zöglingen diese Schwierigkeiten rechtzeitig vor Augen zu halten und sie darauf vorzubereiten, dass sie gleich beim Eintritte in ihren neuen Wirkungskreis in erster Reihe und vor Allem die Eigenarten der heimischen Hausindustrie genau zu studiren und kennen zu lernen haben, um diese selbst bei der Verbesserung ihrer Technik nicht zu zerstören.

Weit entfernt, der modernen Richtung zu huldigen, welche immer und überall nach Staatshilfe sucht, kann ich doch nicht umhin, anzuerkennen, dass die staatlichen Aufsichtsbehörden, welchen die Fachschulen factisch unterstehen, auch die Verantwortlichkeit für dieselben in vollem Masse zu tragen haben, und dass es Aufgabe der Staatsbehörden ist, die Hausindustrie und das Kleingewerbe in erster Reihe vor jenen Gefahren zu schützen, welche ihnen von Seite dieser Behörden selbst durch Fiscalismus und mangelhafte Fachschulen drohen könnten. Aber es kann dem Staate auch die Mühe nicht erlassen werden, sich in die nationalökonomischen Kämpfe der Jetztzeit zu Gunsten der wehrlosen Hausindustrie und des mittellosen Kleingewerbes einzumengen.

Die Hausindustrie bedarf des Schutzes allein, damit sie durch fremde Einflüsse nicht auf Abwege gebracht und ihr Bestand nicht unmöglich gemacht werde. Es müssen Staat und Land, die Regierung sowie die autonomen Behörden im Einvernehmen mit den betreffenden Commissionen und Aufsichtsorganen der Fachschulen zusammenwirken. Mit Rücksicht auf die Natur der Sache selbst aber, sowie im Hinblick auf den Charakter der die Hausindustrie betreibenden Volksclasse kann von einer Selbsthilfe durch Associationen etc. hiebei keine Rede sein.

Anders verhält es sich mit dem Kleingewerbe. Hier kann und muss die Selbsthilfe in Form von Genossenschaften, Associationen etc. in erster Linie zum Kampfe mit der mächtigen Grossindustrie in die Schranken treten. Nichtsdestoweniger bleibt es jedoch auch hier die Aufgabe der auf das Gleichgewicht des Wohlstandes bedachten Regierung, nicht nur die Organisation des Kleingewerbes zu erleichtern und zu fördern, sondern demselben auch in dem Wettstreite um den Absatz der Producte hilfreich unter die Arme zu greifen, damit sein Absatzgebiet nicht geschmälert werde, vielmehr diejenigen Erzeugnisse des Kleingewerbes, welche den localen Bedarf des Staates, sei es bei Militär- oder Civilbehörden decken können, bei denselben einen sicheren und festen Absatz finden, wobei der Grossindustrie noch immer die Lieferungen aller jener, dem Werthe und der Mehrzahl nach bei weitem überwiegenden Gegenstände zufallen, welche ausser dem Bereiche des Kleingewerbes stehen.

Es ist in den letzten Jahrzehnten für das Kleingewerbe und die Hausindustrie vieles geschehen. Es haben sich so viele verständnissvolle Männer mit Kraft und Einfluss der Sache angenommen, dass es für mich keinem Zweifel mehr unterliegen kann, dass die Wichtigkeit dieser Erwerbszweige für die Entwicklung des Wohlstandes der Volksclasse zum vollen Durchbruche und allgemeiner Erkenntniss gelangen wird.

Ein weiteres Eingehen auf das in dieser Beziehung bis jetzt Geschehene überschreitet den Rahmen dieser Betrachtungen. Es sei mir jedoch zum Schlusse gegönnt, der festen Hoffnung Ausdruck zu geben, dass, wenn auch hie und da, wie bei jedem Wirken unter noch wenig bekannten und aufgeklärten Verhältnissen, Versäumnisse, Verstösse und Fehlgriffe unvermeidlich sind, die vom Staate und Lande in's

Leben gerufenen Commissionen und Hilfsorgane, welche bereits so Manches zur Hebung dieser Erwerbszweige beigetragen haben, dem weiteren parteilosen, objectiven Studium dieser Verhältnisse sich widmen und in nicht ferner Zeit den richtigen und sicheren Weg verfolgen werden, auf welchem die Entwicklung und Förderung der Hausindustrie zu geschehen hat.

Wladimir Graf Dzieduszycki.

BUKOWINA.

—

or allen Völkern unseres vielgestaltigen Kaiser-
staates sind es die autochthonen Stämme der
Bukowina, welche — in dieser Beziehung wohl
noch den Alpenbewohner übertreffend — in grösster Abgeschiedenheit ihr anspruchsloses, an mannigfache Entbehrun-
gen gewöhntes Leben fristen. Jahrhunderte hindurch hatten
die Ahnen des buchenländischen Bauern vor den meist miss-
liebigen Despoten zu zittern, hatten Ungerechtigkeiten und
Grausamkeiten erdulden müssen; kein Wunder, dass dieser
heute, nachdem er seit mehr als einem Jahrhundert unter
Oesterreichs Herrschaft geregelte Verhältnisse kennen gelernt
und Schulbildung genossen hat, noch immer jene Unterwürfig-
keit gegen »Höhere« zur Schau trägt, aber auch ein gewisses
Misstrauen, trotz der in hohem Grade geübten Gastfreund-
schaft, Fremden gegenüber bewahrt. Er ist gottesfürchtig,
huldigt jedoch noch vielfach dem Aberglauben und hängt
mit jeder Faser seines Lebens an seiner engsten Heimat.
Selbst Verheiratungen nach auswärts, und wär's auch nur
in ein benachbartes Dorf, kommen deshalb nur selten vor.
— Alle diese Verhältnisse ändern sich langsam in Folge
erweiterten Schulunterrichtes, der allgemeinen Wehrpflicht

und seitdem das Verkehrsnetz sich dichter verzweigt und Industrien nach und nach im Lande und in seinen fernsten Gebirgsthälern festen Fuss gewinnen.

Mit den Eigenthümlichkeiten, die sich der Bukowinaer Landbewohner ziemlich rein bewahrt hat, sind auch seine Verhältnisse in Bezug auf Wohnung, Kleidung und Nahrung, selbst in der Art der Feldbestellung im Grossen und Ganzen die gleichen geblieben. Im kleinen Kreise der Familie oder doch nur innerhalb der engen Dorfgrenzen besorgt er sich alle seine Lebensbedürfnisse selbst. Beim Bau des Hauses versteht es der Mann in der Regel, die Arbeiten des Zimmermanns, Dachdeckers u. dgl. zu versehen, während das Weib das Bemörteln der geflochtenen und gestockten Wände oder das Dichten der Blockwandfugen mit Moos, das Stampfen des Fussbodens und viele andere einschlägige Arbeiten übernehmen muss. — Vom Anbau der Gespinnstpflanze oder der Aufzucht des Schafes an bis zur Fertigstellung der Bett- und Kleidungsstücke aus Leinen, Wolle oder Pelzwerk, Leder, Filz oder Strohgeflecht erzeugt ferner das Bukowinaer Landvolk Alles, selbst die Farbstoffe aus eigens gezogenen Pflanzen, sowie die nöthigen, allerdings höchst primitiven Handwerkzeuge. Und so ist es im Allgemeinen auch mit der Nahrung. Mit Aufwand ziemlich bedeutender Mühe pflegt der Bauer sein Maisfeld, stellt auf der Handmühle das Kukurutzmehl her, das er zum Backen seiner Hauptkost (Mamaliga, der Polenta ähnlich) verwendet. Auch seine einfachen Ackerwerkzeuge, die Gefässe und Geräthe für die Wirthschaft und die Küche weiss er selbst oder versteht es wenigstens ein Autodidact im Orte herzustellen; nur die Bearbeitung des Eisens, welches Material die eingeborne Bevölkerung in äusserst geringen Mengen verbraucht, überlässt er im Allgemeinen den im Lande zerstreut lebenden Zigeunern.

In Folge des ausgebreiteten Holzhandels, welcher sich insbesondere seit zwei Jahrzehnten in der Bukowina entwickelt hat, trat mancher Hinterwäldler aus seinem idyllischen Leben in die Dienste der Holzindustrie; seine Arbeit wird ihm dabei baar entlohnt, und mit dem Rollen des Geldes hat er auch neue Bedürfnisse kennen gelernt.

Hauptsächlich sind es die Ruthenen und Rumänen der bäuerlichen Bevölkerung, erstere etwa 240.000 Köpfe stark und die nördlichen Gebiete des Landes bewohnend, letztere in einer Anzahl von circa 190.000 die südlichen Theile der Bukowina innehabend, welche die Hausindustrie in hervorragendem Masse pflegen; die kaum 50.000 Einwohner zählenden deutschen Colonisten — seit etwa einem Jahrhundert im Lande — besitzen gar keine, die rund 10.000 magyarischen keine nennenswerthe Hausindustrie, während die Erzeugnisse des Hausfleisses der Polen und Lippowaner — so interessant auch die des letzteren Volksstammes sein mögen — der geringen Einwohnerzahl wegen vom wirthschaftlichen Gesichtspunkte aus nicht in Betracht kommen.

Was das Land betrifft, so nimmt es mit seinen 10.452 Quadratkilometern 3.484 Percent des Flächenraumes sämmtlicher im Reichsrathe vertretenen Königreiche und Länder ein; der entsprechende Percentsatz der vergleichsweise wenig dichten Bevölkerung macht nur 2·6 Percent aus.

Das Land ist ziemlich fruchtbar; es besitzt über 50 Percent an Aeckern, Wiesen, Gärten und Hutweiden und 45 Percent an Nadelholz- und Laubwaldungen. Der jährliche Holzzuwachs beträgt per Hektar über 3·6 Festmeter, das ist mehr, als der Durchschnittszuwachs für die gesammten Waldungen Oesterreichs, welcher blos mit 3 Festmeter per Hektar angenommen werden kann. Vom erzeugten Holze sind drei Fünftel als Bau- und Werkholz verwendbar; in

manchen Kronländern Oesterreichs sinkt dagegen das Nutz-
holz-Quantum bis auf ein Zehntel des Erzeugnisses herab.

Von der Ackerfläche, welche zu einem nicht unbeträchtlichen Theile dem Maisbau dient (derart, dass von der Ge-
sammtproduction dieser Frucht in Oesterreich 18 Percent
auf die Bukowina allein entfallen), werden etwa 3800 Hektar
oder 1·34 Percent dem Hanfbau, mit einem jährlichen Ergebniss von rund 13.000 Metercentnern, ferner 1250 Hektar
dem Flachsbau mit jährlich 3000 Metercentnern gewidmet.
Schafwolle producirt die Bukowina verhältnissmässig viel,
und zwar rund 2000 Metercentner, was 5 Percent der gesammten in Oesterreich gewonnenen Schafwolle beträgt.

In diesen wenigen Daten spiegeln sich, im Zusammen-
halte mit dem eingangs Gesagten und der Thatsache, dass
fast die gesammte in der Bukowina erzeugte Gespinnstfaser
und Wolle im Lande selbst, und zwar nahezu ausschliesslich
in der Bauernstube verarbeitet wird, der Hauptsache nach
die Verhältnisse der heimischen Hausindustrie.

Für die Bekleidung aller Familienmitglieder hat fast
allein das Weib zu sorgen, das nach orientalischen Begriffen
tiefer steht als der Mann und welchem bezeichnenderweise
noch immer im Gotteshause nur rückwärtige Standplätze angewiesen sind. Das Weib spinnt und webt, hechelt, färbt
Garn und Wolle, näht und stickt. Ein gewisser Fleiss ist
demselben angeboren, und es wird selbst der Weg aufs Feld
benützt, um zu arbeiten. Auf diese Art deckt die Bäuerin
nicht nur den nöthigen Bedarf, sondern sie kann auch,
namentlich mit Hilfe der Töchter, auf Vorrath arbeiten und
ihre Erzeugnisse überdies mit reichen Stickereien schmücken.
In der Feinheit und Schönheit der letzteren und in der Menge
der aufgestapelten Tücher, Teppiche und Kleidungsstücke
manifestirt sich dann der Stolz der Braut, der Reichthum

der Familie. Das Verschwinden der Stickereien gibt dagegen einen ziemlich sicheren Massstab für die zunehmende Verarmung der Bevölkerung.

Betrachten wir nun vorerst diesen interessantesten Zweig der Bukowinaer Hausindustrie, die Textil-Erzeugnisse, so finden wir, dass aus Hanf und Flachs Gewebe vom gröbsten Zeug an bis zur feinsten, damastartig hergestellten, oft mit prächtigen farbigen Bordüren versehenen Leinwand gearbeitet werden. Allerdings verwendet die Bäuerin für den letzterwähnten Zweck auch Baumwolle, welche in den gewünschten Farben billig zu haben ist. — Aus Schafwolle erzeugt sie ferner Kotzen, Wolldecken und Tücher aller Art in weiss, grau und farbig, welche theils zum Bedecken der sich in den Stuben rings herumziehenden Bänke, deren breitere als Liegestätten dienen, und der Wände, — theils als Einlagen für das Bett, oder auch als Stoff für Hosen, Mäntel (Sukman, Serdak, Mantana) und dergleichen benützt werden. Eigenartig ist das Tuch (Katrinza, Horbotka), welches sich die Bäuerin um den Leib und die Füsse herum faltet und das sie mit den später noch zu besprechenden Gürteln befestigt.

Wie bei der Leinenweberei mitunter auch Seide zur Verwendung gelangt, so werden in das Tuch manchmal Gold- und Silberfäden eingewebt, namentlich in die oft farbenprächtig gehaltene Horbotka der Huzulinnen. Nicht unerwähnt darf bleiben, dass auch Ziegenhaar bei Herstellung von Tüchern und Filz verarbeitet wird.

Von besonderem Interesse sind die oft brillanten, aus gefärbtem Hanf und Schafwolle erzeugten Teppiche (von meist schmaler Form), die auch in der städtischen Wohnung vielfache Verwendung finden können und für welche deshalb vor allem Andern eine Erzeugung auf Absatz für die bäuerliche Bevölkerung lohnend wäre. Dieselben sind nach classischen, in der Familie vererbten Mustern gearbeitet und erinnern mit ihrer geometrischen, der Hauptsache nach in Querstreifen sich entwickelnden, in stumpfen Farben gehaltenen Ornamentik lebhaft an altorientalische Gewebe. Manche Bäuerin verwendet zwar die neuen grellen, sie bestechenden Farbstoffe, welche ihr der Kaufmann aus chemischen Fabriken ungemein billig liefert, und hie und da lässt auch eine Pfarrersfrau von ihrer Bäuerin Teppiche nach modernen, einem Modejournal entnommenen grossblumigen Mustern herstellen. Glücklicherweise wird diese Geschmacklosigkeit bald wieder der besseren Einsicht weichen, Dank den Bemühungen mehrerer, der guten Sache lebhaftes Interesse entgegenbringenden einflussreichen Persönlichkeiten, insbesondere einiger Damen, Dank auch der von Professor E. Kolbenheyer angelegten Sammlung mustergiltiger Ornamente aus dem Lande, welche demnächst zur Publication gelangt und in den Schulen der Bukowina verbreitet werden soll.

Sehr sorgfältig, mustergiltig und farbenreich werden auch die bereits oben erwähnten Bänder gewebt, welche als Gürtel für Frauen, als Leibbinden für Männer, als Tragbänder für die gewebten Umhängtaschen (Traistra), wohl auch als Hutband u. s. w. dienen. Man hat wiederholt versucht, diese 2 bis 12 Centimeter breiten Bänder ihrer Schönheit wegen einer allgemeineren praktischen Verwerthung zuzuführen, und hat namentlich durch Zusammennähen derselben an ihren Längsseiten, zumeist mit Goldfäden, einen Stoff hergestellt, welcher sich als Tischdecke, sowie zum Ueberziehen von Möbeln vorzüglich eignet. Derartige Polstermöbel sehen in der That ganz reizend aus; doch kann diese an sich widersinnige Verwendungsart im Allgemeinen wohl nicht empfohlen werden. Den Vorzug verdient in dieser Beziehung eine andere Decorationsart, welche darin besteht, dass auf glattfarbig überzogene Möbelstücke gewebte Bänder in entsprechenden Entfernungen aufgenäht werden, wodurch auf billige Weise ein recht guter Effect erzielt werden kann.

In Bezug auf die decorative Weberei ist noch zu bemerken, dass, namentlich in früherer Zeit, als noch die Bojaren und Grossen des Landes ihre eigene, oft in Klöstern erzeugte nationale Tracht besassen, namentlich für Kleiderstoffe, Prunkteppiche u. dgl., häufig Seide mit zur Verwendung kam. Aehnliches gilt auch für die Stickereien, bei welchen mit Zuhilfenahme von Gold- und Silberflittern, Seide und Perlen eine besonders reiche Wirkung hervorzubringen gesucht wird. Hauptsächlich werden Stickereien mit ihren fast durchwegs classischen Mustern an den Brust- und Schultertheilen und Besätzen der Frauenhemden, in einigen Gegenden auch an Männerhemden, dann an Sack- und Kopftüchern, Hochzeitstüchern, Altardecken u. s. w. angebracht. Als billigen Ersatz der Stickereien für Hemden trifft man in neuerer Zeit allerdings schon maschinell gewebte Bandstreifen an. Sinn für hübschen Decor zeigt die weibliche Bevölkerung in hervorragender Weise noch bei Herstellung von Bändern und Schnüren aus kleinen Glasperlen; an ihrem Federnkopfputz und im Bemalen von Ostereiern, welch' letztere mit hunderterlei Mustern und oft ganz prächtig und reich verziert werden.

Weitere hausindustrielle Erzeugnisse sind Stricke aus Hanf und Bast, Netze für die Fischerei, Flechtwerk in Stroh (insbesondere Strohhüte), dann Pelze (Pieptar, Bondiza), deren glatte, nach aussen gekehrte Seite häufig mit Stickereien in Wolle, dann mit Musterungen aus dünnen farbigen Riemen versehen wird; Beschuhungen, sonstige Lederwaaren (Gürtel und Taschen), Bespannungen u. s. w., Alles oft reich ausgenäht. Jetzt werden allerdings die Pelz-

und Lederwaaren grösstentheils schon von Kürschnern, beziehungsweise Schuhmachern und Sattlern erzeugt.

Wenn wir nun auf die hausindustriellen Erzeugnisse aus Holz übergehen, so sind es zunächst Gegenstände des landwirthschaftlichen und häuslichen Gebrauches: Ackergeräthe, Schlitten, Wägen, Sättel, Joche, Handmühlen, Oelpressen, Webstühle, Tröge, Schüsseln, Büchsen, Fässchen und Holzflaschen (Tschutra), Spinnwirtel; kleinere gedrehte Objecte, allerdings noch mittelst Bogen gedrechselt; einfache Möbel, darunter insbesondere Truhen etc., auf welchen Gegenständen häufig auch geschnitzte Ornamente (fast ausschliesslich im Kerbschnitt hergestellt), vorkommen, die nicht selten auch bemalt sind. Mit der Erzeugung von Wägen und Wagentheilen, Ackergeräthen, Fässchen und Weissbinderarbeiten, dann Dranitzen und Schindeln, Siebreifen, Sieben aus Bast-, Holz- und Drahtgeflecht und ähnlichen Objecten gingen manche Gegenden selbst über den häuslichen Bedarf hinaus und arbeiteten für einheimische und selbst ausländische Märkte. Für letzteren Zweck hat sich manches Gewerbe, wie namentlich die Wagnerei, völlig handwerksmässig entwickelt, und auch Deutsche widmeten derselben vielfach ihre Dienste. Die geänderten Handelsverhältnisse und vornehmlich die ungünstigen Zollvereinbarungen mit Rumänien thaten diesen Gewerben, sowie der in kräftiger Entwicklung gewesenen Lederfabrication ganz bedeutenden Abbruch.

Erwähnenswerth ist noch die Holzschnitzerei, welche, theilweise von Zigeunern betrieben, sich allerdings nur auf Gegenstände für den Hausgebrauch, dann Rahmen und Crucifixe beschränkt. Der Ritus der griechisch-orientalischen Kirche verbietet figurale Darstellungen; es fehlte demnach der Holzbildhauerei von jeher in der Bukowina der Boden.

Dagegen werden die ländlichen primitiven Musikinstrumente (Cimbale, selbst Geigen, Pfeifen und Flöten) erzeugt; es sei hier auch noch der aus weichem Holze zusammengefügten und mit Birkenrinde überzogenen, bis drei Meter langen Schalmeien der Hirten (Trembiza), sowie der ähnlich hergestellten Jagdhörner gedacht. Interessant sind ferner noch die mit Metall (Draht und Plättchen) eingelegten und umflochtenen Holzarbeiten, worunter Geh- und Hackenstöcke (Toporez), Peitschenstiele und Aehnliches. Hauptsächlich sind dies Erzeugnisse der Huzulen, einem den Ruthenen beigezählten Gebirgsvölkchen (angeblich slavisirte Rumänen), das übrigens auch einiges Geschick in der Bearbeitung von Bein, Horn (Pulverhörner), Metall (mit Holz oder Bein eingelegt) und dergleichen besitzt.

In der hausindustriellen Holzflechterei, sowie in der Töpferei hat man es nur bis zu den allernothwendigsten Herstellungen gebracht. Gleichwohl ist gerade die letztere sehr bemerkenswerth, und zwar in Bezug auf die Gestalt der Thongefässe, welch' letztere noch heute die aus dem Orient und Griechenland überlieferten antiken Formen zeigen.

Aus dem Gesagten geht hervor, dass die Hausindustrie der Bukowina ganz eigenartig und umfassend ist und sich auf einer verhältnissmässig sehr hohen Stufe befindet. Es unterliegt keinem Zweifel, dass dieselbe, die jetzt wohl ausschliesslich nur für den eigenen Bedarf arbeitet, derart entwicklungsfähig ist, dass sich für ihre Erzeugnisse auch ein namhafter Absatz erzielen liesse. Welche Actionen zur Erreichung dieses Zweckes eingeleitet werden müssten, um namentlich auch das Holz im Lande einer besseren Verwerthung zuzuführen, haben wir bei einer anderen Gelegenheit hervorgehoben.

Carl A. Romstorfer.

BOSNIEN UND HERCEGOVINA.

ie in manch anderer Beziehung, so bildet auch in der Kunst und der Kunsttechnik die Save und von deren Mündung in die Donau die letztere die eigentliche Grenzlinie zwischen Orient und Occident. Bei der Mannigfaltigkeit der Völkerschaften, von welchen die Reiche des Ostens von der Küste Chinas und Japans bis herüber an die Ufer der Donau bewohnt werden, ist es wohl nicht möglich, von einer einheitlichen orientalischen Kunst und Kunsttechnik zu sprechen, doch durchzieht alle Kunsterzeugnisse des Ostens ein eigenthümlicher und undefinirbarer Charakterzug, welcher uns dieselben trotz ihrer Mannigfaltigkeit auf den ersten Blick als orientalische Kunsterzeugnisse erkennen lässt.

Ohne auf die Ursachen der verschiedenartigen Entwicklung der occidentalen und der orientalischen Kunst näher einzugehen, soll nur darauf hingewiesen werden, dass die occidentalen Völker stets mit ihren Kunstwerken eine geistige Idee zum Ausdrucke bringen wollten, während den Orientalen die Form Selbstzweck ist, daher sich dort auch die Ornamentik auf die höchste Stufe der Vollendung entwickelt hat und uns die Kunstschätze des Ostens hauptsächlich durch die Schönheit der Formen und Linien, durch den milden Ton der Farben entzücken, wobei Alles vermieden wird, wodurch im Beschauer der Eindruck der Harmonie gestört werden könnte.

Betrachtet man irgend ein Erzeugniss der orientalischen Kunsttechnik, mag es ein Teppich, ein Gefäss oder irgend ein anderer Gegenstand sein, so wird dem genauen Beobachter nicht entgehen, dass trotz der Wiederkehr derselben Formen stets die einzelnen Glieder durch beinahe unmerkliche Variationen von einander unterschieden werden können, und durch den absoluten Mangel der Uniformität die höchste Harmonie erzeugt und eben jene Schroffheit vermieden wird, welche uns häufig bei dem Anblick westeuropäischer ähnlicher Erzeugnisse entgegentritt.

Durch den ungeheueren Aufschwung, welchen die europäische Industrie in Folge der Anwendung von Maschinen und Dampfkraft genommen hat, sowie durch die Vermehrung der Communicationen ist es dem europäischen Handel nunmehr ermöglicht, seine Waaren bis in den entferntesten Osten zu tragen.

Hiedurch hat sich in dem orientalischen Geschmacke sichtlich eine Wandlung vollzogen, welche nicht ohne Rückwirkung auf die orientalische Kunsttechnik selbst bleiben kann und sich auch schon vielfach bei den neueren Erzeugnissen des Ostens bemerkbar macht.

Nicht nur, dass zumeist minderwerthiges Materiale als in früherer Zeit zur Anfertigung der einzelnen Gegenstände verwendet wird, trifft man nur zu häufig schon in Form und Zeichnung Anklänge an den europäischen Geschmack, und wenn es vielleicht auch noch geraume Zeit dauern dürfte, bis die den orientalischen Kunsterzeugnissen innewohnende Originalität zur Gänze vernichtet sein wird, so steht doch zu befürchten, dass diese Kunst, wenn zu ihrer Erhaltung nicht rechtzeitig die erforderlichen Massregeln ergriffen werden, dem Verfalle entgegengeht.

Bosnien und die Hercegovina sind schon zur Zeit des byzantinischen Reiches in das Gebiet der orientalischen Kunst einbezogen worden, nur hat sich dortselbst, mehr als es bei den östlicher gelegenen Ländern der Fall war, zur Zeit der Blüthe Ragusas und Venedigs in Folge des regen Verkehres mit diesen Städten der Einfluss der italienischen Renaissance geltend gemacht.

Da trat nun die Eroberung Bosniens durch die Türken, der Verfall Ragusas und Venetiens ein, und Bosnien gerieth durch den Mangel einer Meeresküste und die gänzliche Vernachlässigung der früher bestandenen Communicationen in eine vollkommene Abgeschiedenheit, weit mehr als die östlicher gelegenen Länder Syrien, Persien u. s. w.

In Folge dieser Umstände erhielt sich jedoch in Bosnien-Hercegovina die früher bestandene Kunsttechnik mit ihren schönen Formen, sowohl jene, welche orientalischer, als auch jene, welche italienischer Abkunft waren, in ihrer ursprünglichen Reinheit.

So schöne Früchte nun die bosnische Kunsttechnik auch aufzuweisen hatte, so nahm doch während der langen inneren Wirren in der Zeit vor der Occupation in Folge der dadurch hervorgerufenen Verarmung der Bevölkerung die Zahl der Träger dieser Künste mehr und mehr ab.

Die wenigen verbliebenen Meister mussten ihre Kunst der Anfertigung einiger primitiver Gebrauchsartikel dienstbar machen, und auf diese Art kamen zumeist Producte zu Stande, bei denen die schönsten Ornamente oder die besten alten Formen mit schlechtem Materiale oder plumpen Zuthaten seltsam verquickt sind.

In diese Zustände brachte die Occupation Bosniens und der Hercegovina durch die österreichisch-ungarische Monarchie zunächst damit einen merklichen Umschwung, dass sich ein reger Handelsverkehr zwischen der Monarchie und den occupirten Ländern entwickelte.

So erfreulich dieser Verkehr nun vom volkswirthschaftlichen Standpunkte bezeichnet werden muss, so brachte er doch in anderer Hinsicht für das einheimische Kunstgewerbe zweifellos die Gefahr mit sich, dass durch die leichte Zubringung einer grossen Anzahl billiger Verbrauchsartikel von oft sehr fragwürdigem Geschmack, die dem Bosniaken bisher ganz unbekannt oder schwer zugänglich waren, an denen er aber rasch Gefallen fand, die alte bosnische Kunsttechnik immer mehr verdrängt und schliesslich vernichtet werden könnte.

Es war daher vom allgemeinen künstlerischen Standpunkte, wie nicht minder im materiellen Interesse des Landes selbst geboten, die alten einheimischen Zweige des Kunstgewerbes zu erhalten und auf die Regenerirung derselben hinzuarbeiten.

Da aber die Initiative hiezu weder aus der Mitte der Bevölkerung des Landes, noch von Seite einzelner kunstsinnigen Privaten der Monarchie zu erwarten war, so musste dieses Unternehmen von der Landes-Verwaltung in die Hand genommen werden, wie dies ja bei Ländern, die in der Cultur zurückgeblieben sind und in kurzer Zeit das Versäumte nachholen wollen, sich überhaupt als das wirksamste Mittel erweist, und speciell in Bosnien und der Hercegovina in vielfacher anderer Richtung, namentlich auf industriellem Gebiete, thatsächlich zur Anwendung gekommen ist.

Die bosnisch-hercegovinische Landes-Verwaltung hat sich nun bei ihrer Aufgabe zur Erhaltung und Hebung der einheimischen Kunsttechniken vor Allem zwei Ziele gesteckt: Zunächst musste dahin gewirkt werden, die schönsten überlieferten Formen der alten bosnisch-orientalischen Kunsttechnik thunlichst in ihrer früheren Reinheit wieder herzustellen, andererseits musste aber auch angestrebt werden, unter Verwendung von tadellosem und entsprechendem Materiale diese Kunsttechnik auf eine grössere Anzahl unserem europäischen Culturleben mehr zusagender Gegenstände zu übertragen, um auf diese Weise auch eine entsprechende Verwerthung dieser Erzeugnisse zu erzielen.

Durch eine Reihe von Massnahmen, welche nach diesen beiden Richtungen hin getroffen worden sind, insbesondere durch die Errichtung von kunsttechnischen Ateliers in verschiedenen Hauptpunkten des Landes, welche unter der künstlerischen Leitung des Hofrathes Storck stehen, ist es nun der bosnischen Verwaltung vor Allem gelungen, die Thätigkeit der im Lande zerstreut lebenden Meister zu concentriren und neue Kräfte heranzuziehen und zu bilden. Die Schaffung dieser neuen Kunststätten hat aber bereits auch ihre erwartete Rückwirkung auf die Production auszuüben begonnen. Freigehalten von allen störenden äusseren Einflüssen und unter die Einwirkung eines einheitlichen künstlerischen Systems gestellt, bringen die Erzeugnisse der bosnisch-hercegovinischen kunstgewerblichen Ateliers heute schon nicht nur alle Vorzüge der alten Techniken in vollster Reinheit und Formenschönheit zur Geltung, sondern sie ziehen auch immer mehr alle jene mannigfaltigen Luxus- und Gebrauchsartikel in ihren Bereich, für welche der moderne Kunstgeschmack so gerne auf die Anwendung orientalischer Ornamentik zurückgreift. Ihrem ganzen Wesen nach zeigen die Producte ein vollständig verschiedenes Gepräge von den kunstgewerblichen Artikeln, welche früher in Bosnien und der Hercegovina erzeugt wurden, und auf welch' letztere hier speciell aus einem zweifachen Grunde hingewiesen werden soll. Diese älteren bosnischen Artikel nämlich, welche seit der Occupationszeit nicht selten von Reisenden im Lande als Andenken gekauft wurden und auf diese Weise, wie übrigens auch ab und zu durch wandernde bosnische Händler nach der Monarchie gelangt sind, haben durch ihren höchst primitiven, zumeist plumpen Charakter, unter welchem der eigentliche künstlerische Werth der betreffenden Technik kaum zu erkennen ist, viel dazu beigetragen, um über das Wesen des bosnisch-hercegovinischen Kunstfleisses im Allgemeinen wenig vortheilhafte Anschauungen zu verbreiten. Dazu ist zu bemerken, dass derartige Artikel auch heute noch in Bosnien und der Hercegovina erzeugt werden, da neben den Regierungs-Ateliers, in welchen nur eine ausgewählte Zahl von Meistern beschäftigt sind, auch andere untergeordnete Kräfte in den gleichen Genres arbeiten, so dass also auch gegenwärtig noch Producte der bosnischen Kunstindustrie auf den Markt in der Monarchie gelangen, von welchen sorgsam abzusehen ist, wenn man ein richtiges Urtheil über den künstlerischen Werth der bosnisch-hercegovinischen Techniken erhalten will.

Die Regierungs-Ateliers pflegen die folgenden Zweige der Kunstindustrie:

1. Die Tauschirkunst. (Einlegearbeit mit Gold und Silber auf Stahl.) Das Tauschiren hat sich in Bosnien, zumeist in der Waffenschmiedekunst, zu einer künstlerischen Vollkommenheit entwickelt, welche heute nur mehr durch die gleichen Producte in Indien und auch dort nur selten erreicht wird. Seit Langem einem allmäligen Verfall entgegengehend, ist es gelungen, die Tauschirkunst in Bosnien eben noch in dem Augenblicke wieder zu beleben, wo dieser Kunstzweig nur mehr von einem einzigen hochbetagten Meister (dem seither verstorbenen Mustafa Letić in Foča) betrieben wurde.

Heute besteht ein von der Landesverwaltung errichtetes Atelier für Tauschirarbeiten in Sarajevo (Meister Osman Bićakčić und vier Gehilfen).

In demselben werden neben einer Reihe kleiner laufender Artikel, wie: Schmuckgegenstände (namentlich Brochen), Stöcke und Schirmgriffe, Tabatièren und eingelegte Stahluhren, auch grössere Luxusgegenstände, namentlich Prunkgefässe, Vasen, Lampen u. dgl. hergestellt.

2. Die Incrustation mit Gold und Silber auf Holz. Auch diese Technik zeichnet sich durch die hohe Vollkommenheit ihrer Producte aus. Bemerkenswerth ist namentlich die grosse Feinheit der Ausführung und der ausserordentliche Reichthum an origineller Ornamentik.

Für Incrustationsarbeiten bestehen Regierungs-Ateliers in Sarajevo (Meister Osmanagić mit fünf Gehilfen), Livno (Meister Ante Mamić mit sieben Gehilfen) und Foča (Meister Sundurika mit drei Gehilfen).

Die Production erstreckt sich heute schon so ziemlich auf alle Luxus- und Gebrauchsobjecte, welche eine Application dieser Technik zulassen: Brochen, Mantelschliessen, Knöpfe, Stöcke und Schirmgriffe, Besteckgriffe, Cassetten, Bilder- und Spiegelrahmen, Tabourets und andere Luxusmöbel.

3. Treibe- und Gravirarbeiten in Metall. Für diese Zweige der Kunstindustrie, welche in Bosnien und der Hercegovina seit Langem heimisch sind und es zu einer bemerkenswerthen Ausbildung gebracht haben, besteht ein Regierungs-Atelier in Sarajevo in Verbindung mit einem

Atelier für Vergolderarbeiten. Dieses combinirte Atelier beschäftigt drei Meister (Mustafa Begtić, Mehmed Begtić und Hussein Zlatarević) und zehn Gehilfen. Gearbeitet werden (in Kupfer mit oder ohne Vergoldung, auch in Gold und Silber) alle Arten von Prunkgefässen, Schüsseln, Vasen, Kaffeeservicen, Kannen u. dgl.

4. Die Teppichweberei. Durch Zurückgreifen auf die alten guten Muster und deren genaue künstlerische Sichtung und Neugruppirung, sowie durch eine sorgsame Auswahl des besten einheimischen Wollmateriales und guter Farbestoffe ist aus der bosnischen Teppichweberei, wie sie heute in dem Regierungs-Atelier in Sarajevo betrieben wird, ein Product hervorgegangen, welches im Vergleiche mit dem früheren Webefabricat eigentlich etwas ganz Neues darstellt. Ein besonders bemerkenswerther Fortschritt ist dadurch erreicht worden, dass gegenwärtig Teppiche in jeder Grösse bis 6 Meter Breite gearbeitet werden können. An den Webstühlen des Ateliers sind constant fünfzig einheimische Arbeiterinnen beschäftigt.

Die technische Einrichtung des Ateliers wurde von der Wiener Firma Ph. Haas & Söhne besorgt, und dieses Handelshaus hat auch den alleinigen Vertrieb aller in demselben erzeugten Artikel übernommen.

Erzeugt werden Teppiche in allen Grössen, Portièren, Divan-Überwürfe und Divanpölster in vielfältigen Dessins.

INHALT.

—

CH. REISSER & M. WERTHNER
V. Wehrgasse 16.

www.ingramcontent.com/pod-product-compliance
Lightning Source LLC
Chambersburg PA
CBHW030845270326
41928CB00007B/1217